Le difficile chemin des droits de l'homme au Maroc

Histoire et Perspectives Méditerranéennes
Collection dirigée par Jean-Paul Chagnollaud

Dans le cadre de cette collection, créée en 1985, les éditions L'Harmattan se proposent de publier un ensemble de travaux concernant le monde méditerranéen des origines à nos jours.

Déjà parus

Moncef OUANNES, *Militaires, Elites et Modernisation dans la Libye contemporaine*, 2009.
Ramon VERRIER, *Introduction à la pensée économique de l'Islam du XIIIe au XVe siècle*, 2009.
Mohammed MOUAQIT, *L'idéal égalitaire féminin à l'œuvre au Maroc*, 2009.
Naaman KESSOUS, Christine MARGERRISON, Andy STAFFORD, Guy DUGAS (dir.), *Algérie : vers le cinquantenaire de l'Indépendance. Regards critiques*, 2009.
Philippe GAILLARD, *L'Alliance. La guerre d'Algérie du général Bellounis (1957-1958)*, 2009.
Jean LÉVÊQUE, *Une reddition en Algérie 1845*, 2009.
Chihab Mohammed HIMEUR, *Le paradoxe de l'islamisation et de la sécularisation dans le Maroc contemporain*, 2008.
Najib MOUHTADI, *Pouvoir et communication au Maroc. Monarchie, médias et acteurs politiques (1956-1999)*, 2008.
Ahmed KHANEBOUBI, *Les institutions gouvernementales sous les Mérinides* (1258-1465), 2008.
Yamina BENMAYOUF, *Renouvellement social, renouvellement langagier dans l'Algérie d'aujourd'hui*, 2008.
Marcel BAUDIN *Hommes voilés et femmes libres : les Touareg*, 2008.
Belaïd ABANE, *L'Algérie en guerre. Abane Ramdane et les fusils de la rébellion*, 2008.
Rabah NABLI, *Les entrepreneurs tunisiens*, 2008.
Jilali CHABIH, *Les finances de l'Etat au Maroc*, 2007.
Mustapha HOGGA, *Souveraineté, concept et conflit en Occident*, 2007.
Mimoun HILLALI, *La politique du tourisme au Maroc*, 2007.
Martin EVANS, *Mémoires de la guerre d'Algérie*, 2007.
Tarik ZAIR, *La gestion décentralisée du développement économique au Maroc*, 2007.
Lahcen ACHY et Khalid SEKKAT, *L'économie marocaine en questions : 1956-2006*, 2007.

Mohamed Saadi

Le difficile chemin des droits de l'homme au Maroc

Du déni à la reconnaissance

L'Harmattan

© L'HARMATTAN, 2009
5-7, rue de l'École-Polytechnique ; 75005 Paris

http://www.librairieharmattan.com
diffusion.harmattan@wanadoo.fr
harmattan1@wanadoo.fr

ISBN : 978-2-296-10223-1
EAN : 9782296102231

Abréviations

B.O	: Bulletin officiel
C.P	: Code pénal
C.P.P	: Code de procédure pénale
CCDH	: Conseil consultatif des droits de l'homme
IRCAM	: Institut royal de la culture amazighe
HACA	: Haute autorité de la communication audiovisuelle
IIA	: Instance indépendante d'arbitrage
IER	: Instance équité et réconciliation
AMDH	: Association marocaine des droits humains
OMDH	: Organisation marocaine des droits humains
FVJ	: Forum marocain pour la vérité et la justice
AI	: Amnesty International
FIDH	: Fédération internationale des droits de l'homme
HRW	: Human Rights Watch

INTRODUCTION

Au cours des dernières années, la situation des droits de l'homme au Maroc n'a cessé de susciter un grand intérêt au niveau national et international. Nul ne peut ignorer les évolutions importantes que vit le pays aujourd'hui en matière du respect des droits fondamentaux et des libertés publiques.

L'avènement du nouveau roi, S.M. Mohamed VI, est à l'origine d'un réel souci du respect et de promotion des droits de l'homme. L'ouverture démocratique et politique dans laquelle s'est engagé l'Etat marocain durant les dernières années du règne du feu Hassan II, et surtout depuis les réformes entreprises par S.M. Mohamed VI au lendemain de son accession au trône, a fait naître une nouvelle dynamique en faveur des droits de l'homme, ce qui a créé d'énormes attentes et une grande vague d'espérance dans une nouvelle ère politique en rupture avec les pratiques du passé. Cependant cette dynamique connaît chaque fois des progrès et des régressions, le chemin d'un véritable respect des droits de l'homme au Maroc paraît encore très long.

En effet, c'est dans les années quatre-vingt dix que s'est manifestée la volonté politique de l'Etat pour rompre avec les violations graves des droits humains et avec l'omniprésence du la culture autoritaire dans les rouages de l'Etat. Cette culture est fondée sur l'allégeance traditionnelle, l'oppression, la hantise sécuritaire et l'absence de la souveraineté de la loi.

La décrispation politique qu'a connue le Maroc au début des années quatre-vingt dix a favorisé l'instauration d'un consensus au sein des différents acteurs politiques (le roi, les partis politiques, les syndicats, la société civile...).

Elle a donné un grand souffle au processus de démocratisation et à l'avènement de « l'alternance politique » et de « la transition démocratique » en 1998, après trente sept ans du régime conservateur et répressif de feu Hassan II. Le gouvernement de l'alternance qu'a présidé M. Abderahman Elyoussefi, ancien opposant politique au régime, a constitué une phase décisive qui a contribué énormément à la libéralisation de l'espace politique et à la préparation des conditions favorables afin d'accélérer l'évolution du pays en matière des droits de l'homme[1].

Pour la vérité, il faut reconnaître le courage des associations de défense des droits de l'homme[2] qui ont mené un combat acharné et ont réussi à exercer des pressions sur l'Etat en vue d'ouvrir les dossiers des droits de l'homme et d'instaurer un véritable Etat de droit, respectueux des droits fondamentaux. De même, la fin de la guerre froide a permis le retour puissant des droits de l'homme sur la scène internationale, ainsi la marge du travail des ONG internationales pour la protection et la dénonciation de toutes les violations des droits de l'homme s'est élargie.

Tout cela a contribué positivement à l'accélération des réformes concernant le respect des droits humains au Maroc et a obligé le régime à répondre aux attentes et aux recommandations des institutions internationales et de la

---

[1] -Remy Leveau, « *Réussir la transition démocratique au Maroc* »,Le Monde diplomatique, novembre 1998, pp.14 -15.

[2] - La première association des droits de l'homme au Maroc, la Ligue marocaine de défense des droits de l'homme a été instaurée en 1972,elle fut suivie en 1979 par l'Association marocaine des droits de l'homme, et puis l'Organisation marocaine des droits de l'homme en 1988. Pour plus d'informations voir : Khalid Naciri, « *Les organisations marocaines de défense des droits de l'homme*», in (sous la dir), Driss Basri, Michel Rousset et Georges Vedel, *le Maroc et les droits de l'homme, positions, réalisations et perspectives*,l'Harmattan, Paris, 1994, pp.449-472.

société civile locale et mondiale pour la mise en œuvre effective des droits de l'homme au Maroc.

Si le Maroc vit actuellement une transition en douceur, si le changement apparaît aujourd'hui incontournable, il y a toujours des résistances de la part des anciennes élites pour garder les privilèges immenses qu'elles ont accumulés durant le règne de feu Hassan II. Dans le but d'éviter tout risque de régression au niveau des acquis des droits de l'homme, la société civile veille à réclamer avec ferveur plus de démocratisation au niveau du champ politique pour que les réformes puissent concrétiser l'institutionnalisation de l'Etat de droit. Les citoyens marocains aspirent à des changements profonds, surtout après le règne du feu Hassan II qui a duré trente-huit ans et qui a été caractérisé par la tyrannie, la répression aveugle de toutes les oppositions et par une crise accrue des politiques socio-économiques.

Malgré les changements positifs et significatifs dans la voie du renforcement des garanties des droits de l'homme, il y a toujours des défaillances apparentes auxquelles il faut remédier. Les défis à relever sont immenses : la pauvreté, l'analphabétisme, les réformes constitutionnelles, la réconciliation avec le passé, le renforcement de l'Etat de droit et de la citoyenneté, le démantèlement de l'autorité du *makhzen*, la reconnaissance et la promotion de la culture amazighe, la lutte contre la corruption et la bureaucratie, le renforcement de l'indépendance de la magistrature…

Le Maroc enregistre actuellement des évolutions positives porteuses de progrès et d'espérances prometteuses, ce qu'atteste le grand intérêt porté aux droits de l'homme de la part du souverain marocain. Néanmoins, dans certains domaines, on a vu des reculs, voire des réformes négatives porteuses d'atteintes graves aux droits de l'homme.

La finalité assignée à ce livre est de présenter une évaluation qui se veut objective et globale de la situation des droits humains au Maroc. Notre objectif est de dresser un bilan des évolutions tant positives que négatives enregistrées au cours des dernières années et d'analyser les grands enjeux à affronter pour améliorer la situation des droits de l'homme. Ainsi, on essayera d'étudier l'évolution historique des droits de l'homme au Maroc, les réalisations institutionnelles et juridiques majeures, les déficits et les défis auxquels notre pays doit répondre pour assurer et améliorer le respect des droits fondamentaux de tous les citoyens marocains.

Dans une situation aux évolutions aussi rapides que celle du Maroc, il importe de faire preuve de beaucoup de prudence, de modestie et d'éviter les jugements trop définitifs : l'état des droits de l'homme au Maroc connaît une restructuration et une recomposition profondes, elle est loin d'être stabilisé.

Chapitre I
L'évolution historique des droits de l'homme au Maroc

Le parcours des droits de l'homme au Maroc a vu depuis l'indépendance plusieurs combats acharnés et de longue haleine pour revendiquer un Etat moderne respectueux des droits humains. C'est seulement à partir des années 1990 que l'Etat marocain commence à accorder un véritable intérêt à la question des droits de l'homme. Le pays a entamé des réformes politiques, juridiques et institutionnelles importantes, notamment au niveau du respect des droits de l'homme. C'est le début de la reconnaissance officielle des abus graves du passé, et d'une volonté politique ferme pour instaurer un Etat du droit soucieux de régler les dossiers des violations graves des droits de l'homme durant les « années de plomb ».

A- Les années noires des droits de l'homme au Maroc

Le Maroc a connu, depuis l'indépendance, de nombreuses violations graves des droits de l'homme[3]. Des assassinats politiques et liquidations des militants de l'Armée de libération nationale ont été enregistrés dés 1956. Entre 1958 et 1959 la révolte du Rif s'est terminée par une répression d'une extrême violence de la part des forces armées marocaines. Ces violations se sont accrues durant les années soixante et soixante dix, les émeutes

---

[3] - Pour d'amples informations sur les violations des droits de l'homme durant les années de plomb, voir :
- Antoine Sanguinetti, *le livre blanc sur les droits de l'homme au Maroc*, Ligue des droits de l'homme, Etudes et documentation internationale, Paris, 1991.

populaires de 1965 ont été réprimées sévèrement. La même année Mehdi Ben Barka, leader de la gauche marocaine, est enlevé à Paris et il est resté disparu depuis lors. Les deux tentatives successives de coup d'Etat ont entraîné des réactions très violentes de la part du régime marocain.

Ces années noires ont vu une répression brutale et systématique de toutes les oppositions politiques au Makhzen[4] et à la monarchie. Torture, mauvais traitements, disparitions, détentions arbitraires, enlèvements, massacre des manifestants par les forces de l'ordre et traque des opposants politiques, ont constitué une réalité courante pendant les « années de plomb ». Ainsi, à partir des années 1960, des centaines de personnes soupçonnées d'être des opposants au régime ou des parents d'opposants, disparaissent après avoir été arrêtées par des membres de la sécurité ou par la police secrète. Une des raisons des disparitions est d'emprisonner et d'éliminer, sans bruit, des personnes contre qui l'Etat n'a pas d'accusation légale ou des personnes que l'Etat ne souhaite pas attaquer devant les tribunaux[5].

Il faut reconnaître que dès l'indépendance en 1956, le pouvoir marocain a mené une répression démesurée : les autorités ont arbitrairement détenu, maintenu en détention secrète ou « fait disparaître » des milliers de personnes, des

---

[4] - Le concept du Makhzen est dérivé du verbe arabe « khazana » (cacher ou préserver), il signifie en arabe littéralement « magasin » et par extension, le trésor ou le fisc symbole de la puissance du souverain qui prélève l'impôt et le butin pendant les conquêtes. Le sultan du Maroc avait coutume, durant ses déplacements, de transporter, parmi ses attributs, des coffres dans lesquels étaient gardées les recettes des impôts prélevés sur les tribus, lesquelles servaient également à payer les soldes des soldats en campagne. C'est avec le développement de l'administration à partir de XVII siècle que le makhzen va designer peu à peu le pouvoir public de l'Etat marocain. La culture politique du makhzen se fonde sur la soumission, l'allégeance traditionnelle personnelle et la répression par la force. Voir, Rachida Cherfi, *Le Makhzen politique au Maroc*, Afrique Orient, Casablanca, 1988.
[5] - Yves Cailleux, *Le royaume des défis*, ed Kayak, 2002, p.191.

dissidents, des opposants politiques et des officiers militaires, parce qu'ils étaient perçus comme constituant une menace pour l'Etat. Des centaines de personnes disparues sont décédées dans des centres de détention secrets et illégaux.

L'emprisonnement politique est devenu une pratique courante depuis les années 70 : après leur arrestation et détention, souvent sans mandat, les suspects sont maintenus au secret, parfois plusieurs mois durant, dans des postes de police ou des centres de détention secrets. On les torture et on les maltraite systématiquement pour les contraindre à faire des aveux et à signer les procès-verbaux dressés par la police. Ce n'est que lorsque les suspects sont présentés au procureur du roi ou au juge d'instruction qu'ils sont informés des charges retenues à leur encontre. Les déclarations recueillies sous la torture, et qui sont souvent l'unique élément à charge contre les prévenus, sont régulièrement acceptées par les tribunaux. Les juges n'ordonnent jamais d'enquête afin d'établir si les allégations d'aveux obtenus sous la torture sont fondées. Les procès politiques se déroulent souvent dans une atmosphère d'intimidation pour les détenus, leurs proches et leurs avocats[6].

Pendant les deux tentatives de coups d'Etat en 1971 et 1972, feu Hassan II a échappé deux fois à la mort. Le 10 juillet 1971 il y a eu un massacre, lors d'une réception au palais de Skhirat, de nombreux invités marocains et étrangers, par 1400 sous-officiers, le 16 août 1972 quatre avions de chasse ont essayé d'abattre le Boeing du roi revenant de France. Au lendemain du deuxième coup d'Etat, feu Hassan II déclare dans son discours radiotélévisé : « *Dieu a placé le roi sur le trône pour sauvegarder la monarchie. Pour cette sauvegarde, le rite malékite prévoit qu'il ne faut pas hésiter à faire périr un*

---

[6] - Amnesty International, « *Maroc, la pratique de l'emprisonnement politique doit cesser* », Index : AI : MDE 29/001/1994.

tiers de la population aux idées néfastes pour préserver les deux tiers sains de la population »[7].

En août 1973, 61 prisonniers militaires condamnés à des peines de trois ans et plus, après les coups d'Etat de 1971 et 1972, furent enlevés et envoyés dans un bagne du haut Atlas : Tazmamart[8] où ils ont été détenus dans l'isolement le plus total. Trente des officiers ou sous-officiers enfermés sont morts, les 28 autres ont été relâchés en 1991, dans un état lamentable, après une détention de dix huit ans[9].

Les exactions atroces du système sécuritaire marocain se sont abattues effectivement sur les proches des suspects ou des condamnés. C'est le cas des Manouzis, grande famille de résistants, connue pour son militantisme et son dévouement à la cause nationale mais aussi pour la persécution dont elle a fait l'objet de longues décennies durant les années de plomb. En 1970, plusieurs de ses membres ont été arrêtés et soumis à la torture, et Houcine Manouzi , fervent opposant politique,sera enlevé à Tunis en 1972. Jusqu'à nos jours son cas n'a pas été élucidé[10]. De même, suite à l'échec du coup d'Etat du général Oufkir en août 1972, et après son décès (un suicide selon la version officielle), les membres de sa famille (sa femme, ses six enfants) seront enfermés pendant 19 ans dans des

---

[7] - Antoine Sanguinetti, op.cit., p. 45.

[8] - Caserne militaire située en plein désert en haut Atlas au sud du Maroc, elle a servi de bagne notamment pour les militaires accusés d'avoir participé aux coups d'Etat de 1971 et 1972. Vu les traitements sauvages, effroyables et inhumains subis par les prisonniers dans ce mouroir, elle est devenue un des grands symboles des années de plomb. Cette prison macabre a été fermée en 1991 après la libération des derniers survivants.

[9] - Interrogé par un journaliste le 17 décembre 1989 sur Tazmamart lors de l'émission L'heure de vérité d'antenne 2, feu Hassan II a répondu, comme si cela allait de soi, que « *tout homme a son jardin secret* ».

[10] - Sur la famille Manouzi, voir Sietske De Boer, *Années de plomb, chronique d'une famille marocaine*, Le Fennec, Casablanca, 2005.

conditions inhumaines, ils n'ont pu quitter le pays qu'en 1996[11].

Le Maroc a connu aussi plusieurs émeutes sociales réprimées dans le sang par les appareils sécuritaires marocains. Ainsi le 23 mars 1965 des lycéens sortent dans les rues de Casablanca pour protester contre une loi scolaire qui les exclut du fait de la scolarisation, très vite la protestation tourne à une émeute générale envahissant les quartiers populaires de la ville. Devant l'insuffisance des forces de police, c'est l'armée qui intervient en utilisant les chars et les hélicoptères. La répression était violente, avec des centaines de morts -parmi eux des petits enfants- enterrés dans des fosses communes. Suite à ces événements le roi décrète l'état d'urgence et suspend le parlement pour se doter de pleins pouvoirs[12]. En 1981, après que le gouvernement ait annoncé le 28 mai l'augmentation du prix des produits de base subventionnés (farine, sucre, beurre), la Confédération démocratique du travail a appelé à une grève générale le 20 juin, Casablanca va connaître des émeutes meurtrières, il y aura des milliers d'arrestations et plusieurs morts.

De nouvelles émeutes ont éclaté, janvier 1984, particulièrement au Rif (Nador, Tétouan, Al-Hoceima), mais aussi à Marrakech, et ceci suite à la restriction de la caisse de compensation qui régularise les prix des produits de première nécessité. Encore une fois les forces de l'ordre ont violemment réagi contre les manifestants, il y a eu plusieurs morts et de nombreux citoyens ont été arrêtés et condamnés à de lourdes peines dans des procès fictifs et inéquitables[13].Après une grève générale déclarée par la Confédération démocratique du travail et l'Union générale des travailleurs du Maroc, le 14 décembre 1990, des émeutes se déclenchent dans plusieurs villes, Agadir,

---

[11] - Voir, Fatéma Oufkir, *Les jardins du roi*, Michel Laffont, 2000.
[12] - L'état d'urgence ne sera levé qu'en 1970.
[13] - Antoine Sanguitti, *op.cit*, p. 50.

Kenitra, Tanger et surtout à Fès où les affrontements avec les forces de sécurité ont fait une dizaine de morts et des blessés. Après ces événements il y a eu de nouveau une vague d'arrestations et de condamnations sévères[14]. La même année Amnesty international (AI) a dénoncé la situation des droits de l'homme au Maroc, elle a lancé une compagne internationale pour sensibiliser l'opinion publique internationale sur l'ampleur des atteintes aux droits de l'homme au Maroc.

Ces mouvements de protestation sociale (1981, 1984,1990), qui ont entraîné plusieurs victimes et des condamnations sévères, sont l'une des impacts de la politique d'ajustement structurel adoptée par le Maroc dans les années 80 et qui a aggravé la condition des couches sociales défavorisées.

Le pays était, durant les années de plomb, un Etat de non-droit: répression sanglante des soulèvements sociaux, pratique systématique des exécutions extrajudiciaires, enlèvements, détentions arbitraires, torture et disparitions[15].

Ces violations graves des droits de l'homme n'auraient pas été d'une telle ampleur et gravité s'il n' y avait pas eu une structure sécuritaire « tentaculaire » qui englobe plusieurs appareils : armée, gendarmerie, police, forces auxiliaires, services de renseignements secrets, en plus des fonctionnaires administratifs qui veillent au maintien de l'ordre via la surveillance des citoyens (Caïd, Mokaddem et Cheikh...). Ces appareils étaient si forts qu'il n'y a eu aucun contrôle sur leurs activités, surtout que leurs statuts et compétences étaient imprécis et non bien encadrés par la loi.

L'absence quasi-totale des garanties d'indépendance des autorités judiciaires, l'omniprésence des agents de l'autorité et leur pression sur le pouvoir judiciaire, la

---

[14] - Ibid., 51.
[15] - Francis Perrin, « *Maroc, droits de l'homme et disparitions* », Revue Cultures Conflits, n.13- 14, printemps, été 1994, pp. 131-137.

corruption des juges ont contribué d'une façon déterminante à accentuer les atteintes aux droits fondamentaux des citoyens marocains.

Le nouveau contexte international, marqué par la fin de la guerre froide après la chute du mur de Berlin en1989, a mis le régime sur la défensive, il ne peut plus masquer ou justifier les violations des droits de l'homme. Conscient de ces évolutions, le roi Feu Hassan II entame, à la fin de son règne, des réformes importantes dans le sens de consacrer le début préliminaire d'un Etat du droit basé sur le respect des droits humains.

B- Le début de consécration des droits de l'homme au Maroc.

A la fin des années 1980, le régime marocain, sous la pression internationale, commence doucement et progressivement à se libéraliser pour répondre aux revendications de la société civile marocaine, et se donner une meilleure image à l'extérieur. C'est au cours des années quatre-vingt dix que s'est manifestée concrètement la volonté politique de l'Etat pour rompre avec le passé sombre des violations graves des droits humains.

Les années 1990-1991 ont marqué le début de la fin des "années de plomb", époque qui a vu des violations massives et systématiques des droits de l'homme. Les autorités commencent à montrer une plus grande tolérance à l'égard des activités des ONG de défense des droits humains tant au niveau local qu'international. C'est également pendant cette période qu'apparaissent les révélations sur la scandaleuse prison de Tazmamart[16], ainsi

---

[16] - Les autorités marocaines ont toujours nié l'existence du bagne de Tazmamart, mais peu à peu, on commence à parler des conditions effroyables des détenus de cette prison. En 1990 le Comité des droits de l'homme de l'ONU a réclamé des explications au Maroc, les représentants marocains ont affirmé en ignorer l'existence. En 1992

que sur les bagnes et lieux de torture et de détention de triste mémoire: Dar Bricha (Tétouan), Agdz, Kelaat Magouna, Skoura (sud du Maroc) ,Derb moulay Cherif , le Corbés (Casablanca), Dar El mokri (Rabat)[17].

Sous la pression nationale et internationale, feu Hassan II crée en 1990 le Conseil consultatif des droits de l'homme (CCDH) à qui il a demandé de traiter et régler le dossier des droits humains, ce qui constitue le début d'officialisation de la question des droits de l'homme au Maroc.

La révision de la constitution en 1992 est considérée par plusieurs politologues marocains comme le début de la constitutionnalisation des droits de l'homme au Maroc. En effet, elle dispose dans son préambule que le Maroc : « *Conscient de la nécessité d'inscrire son action dans le cadre des organismes internationaux, dont il est un membre actif et dynamique, le royaume du Maroc souscrit aux principes, droits et obligations découlant des chartes des dits organismes et réaffirme son attachement aux droits de l'homme tels qu'ils sont universellement reconnus* ». Abdeltif Menouni avance qu'il s'agit « *au*

Christine Serfaty publie son livre *Tazmamart* : une prison de la mort (édition Stock), une année après, Ali Bourequat raconte dans son livre *Dix-huit ans de solitude, Tazmamart,* les sinistres années qu'il a passées dans cette prison moyenâgeuse. Rappelons que le Forum Justice et Vérité a organisé le 7 octobre 2000 un pèlerinage à Tazmamart, où se sont retrouvés environ cinq cents militants des droits de l'homme et journalistes. Aujourd'hui, il existe toute une littérature riche et abondante sur Tazmamart :
- Ahmed Marzouki, *Tazmamart cellule 10*, Paris-Méditerranée, 2001.
- Tahar Ben Jelloun , *Cette aveuglante absence de lumière*, Seuil, Paris, 2000.
- Abdelhak Serhane , *Kabazal, Les emmurés de Tazmamart, mémoires de Salah et Aïda Hachad*, Editions Tarik, Casablanca, 2004.
- Bourequat Midhat René, *Mort vivant, Témoignage, Rabat 1973, Paris 1992*, Pygmalion ,2000.

[17] -Karim Boukhari,Driss Ksikes, « *La carte des maisons de torture* », Tel Quel, 12 au 18 février 2005, p.22- 23.

moins du point de vue juridique, conceptuel et symbolique, d'une importante modification qui met l'accent sur le caractère universel des droits de l'homme, modification qui marque une nette évolution des milieux officiels qui, pendant longtemps, ont préféré mettre l'accent sur le caractère spécifique, propre au Maroc, de ces droits. Le passage du particularisme à l'universalisme est une mesure qui place notre pays, ne serait-ce que théoriquement, sous l'autorité des conventions et résolutions émanant des instances internationales, le hissant ainsi au niveau des pays ayant atteint un certain degré de développement dans ce domaine » [18].

Plusieurs indices significatifs ont été donnés pour bien entamer le processus de la réconciliation nationale :

- En 1991, la liberté fut rendue à la famille Oufkir (février), des centaines de sahraouis détenus au secret furent libérés (mai), Abraham Serfaty sort de sa prison de Kenitra et il est expulsé vers la France. Les 28 derniers survivants de Tazmamart furent extraits du ce bagne (septembre), enfin les trois frères Bourequat, disparus, purent partir vers la France (décembre).

- Le 12 juillet 1991 : 270 personnes détenues sans procès, ou qui étaient considérées comme victimes de disparition forcée, ont été libérées.

- 1993 : ratification par le Maroc de plusieurs conventions internationales des droits de l'homme relatives à : la torture, les droits de l'enfant, l'élimination des formes de discrimination à l'égard des femmes, les droits des travailleurs migrants.

- Depuis février 1994, début de règlement de la situation des victimes de disparitions forcées dans la prison de Tazmamart.

---

[18]- Abdeltif Menouni, « *lectures dans le projet de constitution révisée* », in Driss Basri , Michel Rousset, Georges Vedel (sous la dir), *Révisions de la constitution marocaine*, 1992, Rabat , Imprimerie royale, 1992, p.169.

- En mars 1994, 195 condamnés à mort ont vu leur peine commuée en détention à perpétuité. On comptait parmi eux 14 prisonniers politiques condamnés à l'issue de procès inéquitables.
- En Juillet 1994 : amnistie au profit de 424 détenus politiques, et retour des exilés.
- Septembre 1998, le CCDH a publié une liste de 112 personnes disparues.
- En octobre 1998, 28 prisonniers politiques qui n'ont pas profité de l'amnistie royale de 1994 sont libérés.

Un des changements les plus significatifs était l'instauration par le roi le 16 août 1999, et sur recommandation du CCDH, de l'Instance indépendante d'arbitrage (IIA), chargée de déterminer les indemnisations pour les préjudices matériels et moraux des victimes et de leurs ayants droit dans le dossier des disparus et des personnes qui ont fait objet de détention arbitraire. En vertu des articles 13 et 14 du statut régissant le travail de cette instance, un délai de trois mois a été fixé pour le dépôt des demandes et une procédure gratuite a été établie avec la présence d'un avocat choisi par la victime. L'IIA a reçu dans les délais fixés (03 Janvier 2000) 5127 demandes d'indemnisations, ainsi que près de 6000 demandes après expiration du délai. Les demandes d'indemnisation concernent divers événements de tensions sociales et politiques qui ont vu des violations des droits de l'homme, et ce depuis l'indépendance jusqu'à 1999.

L'IIA a présenté son rapport définitif le 20 novembre 2003, en attribuant des indemnisations à plus de sept mille victimes ou ayants droits, avec une somme totale de 960 millions de dirhams[19].

---

[19]- Pour plus de renseignements, voir : Ahmed Chaoiki Benayoub, *Instance indépendante d'arbitrage*, publications du centre de documentation, information et de formation en droits de l'homme, 2004. (en langue arabe).

Il s'avère que le processus de réconciliation en matière des droits de l'homme est le résultat de l'effervescence démocratique[20] et du processus d'ouverture politique initié dés le début des années 1990, ce qui a abouti à l'adoption de plusieurs réformes institutionnelles et juridiques qui ont renforcé les garanties de protection des droits de l'homme. Ces réformes ont été couronnées par le début de l'alternance politique et la formation d'un gouvernement de transition démocratique en 1998. Ainsi en février 1998, le roi feu Hassan II nomme l'ancien opposant socialiste Abderrahmane Youssoufi comme premier ministre. Celui-ci forme un gouvernement constitué des partis d'opposition.

Le jeune roi S.M Mohamed IV a pris le relais pour continuer et renforcer les réformes initiées par son père. Depuis son intronisation, il n'a cessé de faire preuve d'une volonté politique forte pour consacrer le respect des droits de l'homme dans son pays.

Le geste le plus emblématique a été le limogeage du puissant ministre de l'intérieur Driss Basri[21] symbole des années de plomb et de la répression le 9 novembre 1999, mais aussi le retour dans son pays de la famille Ben Barka en novembre 1999, et de l'exilé Abraham Serfaty et aussi l'abolition en 2002 de l'assignation à résidence du Cheik Abdessalam Yassin, leader du mouvement islamiste non reconnu:« justice et bienfaisance ».

---

[20] - Benjamin Stora, « *Maroc, le traitement des histoires proches* », Esprit, août/septembre 2000, p.88.
[21] - Feu Driss Basri est décédé en août 2007 à Paris. Il a été pendant un quart de siècle (du 1974 date à laquelle il est nommé secrétaire d'Etat à l'Intérieur et jusqu'à son limogeage en novembre 1999) l'homme fort de feu Hassan II. Il avait été écarté du pouvoir en novembre 1999, trois mois seulement après l'intronisation de Mohammed VI. Il est l'un des symboles de la répression et des atteintes aux droits de l'homme durant le règne du roi feu Hassan II. Avec sa mort plusieurs faits et vérités sur les années de plomb seront enterrés.

Il est nécessaire de signaler que le militantisme de la société civile marocaine et des familles des disparus a contribué d'une façon déterminante à l'élargissement du champ des libertés publiques, la sensibilisation de l'opinion publique nationale et internationale sur l'état réel des droits humains au Maroc. La Charte nationale des droits de l'homme, élaborée en 1990, a constitué une plateforme commune et une référence principale pour les mouvements marocains de défense des droits de l'homme[22]. Elle a bien dénoncé l'état des droits de l'homme au Maroc : « *la situation des droits de l'homme au Maroc reste en deçà du niveau auquel aspire le peuple marocain.... Des reculs graves ayant entaché les acquis en matière des libertés individuelles et collectives.... La réalisation de la justice et de la liberté et la garantie des droits de l'homme de manière générale ne se conçoivent que dans le cadre de l'état de droit, de la démocratie et de la justice sociale* »[23].

Le dynamisme des associations de défense des droits de l'homme, et particulièrement l'Association marocaine des droits de l'homme[24] (AMDH), l'Organisation marocaine des droits de l'homme[25] (OMDH) et le Forum pour la

---

[22] - La Charte nationale des droits de l'homme a été adoptée le 16 novembre 1990, et proclamée à Rabat le 10 décembre 1990 par les associations suivantes : l'Association des barreaux du Maroc, la Ligue marocaine pour la défense des droits de l'homme, l'Association marocaine des droits de l'homme, l'Organisation marocaine des droits de l'homme.

[23] - Voir le texte intégral de la Charte nationale des droits de l'homme dans journal l'Opinion, 16 décembre 1990.

[24] - L' AMDH est l'une des associations marocaines les plus actives en matière de défense des droits de l'homme au Maroc. Créée le 24 juin 1979, elle a vécu une stagnation de ses activités entre 1984 -1988 à cause de la répression contre ses principaux dirigeants. Aujourd'hui elle est constituée de plus de 74 sections. Pour plus d'informations voir : http://www.amdh.org.ma

[25] - L' OMDH est l'une des principales organisations de défense des droits de l'homme au Maroc. Elle a été créée le 10 décembre 1988. Pour plus de données voir : http://www.omdh.org

vérité et la justice [26](FVJ), va donner un grand souffle à la question de la réconciliation et de la vérité. Ainsi, l'organisation par ces associations d'un symposium national sur les violations graves au Maroc, en novembre 2001, était une occasion pour proposer dans ses recommandations l'installation d'une commission de réconciliation et de vérité. Trois ans après, L'IER a été instaurée pour régler et mener des investigations sur les violations graves perpétrées dans le passé.

Le Maroc, sous le règne de S.M. Mohamed VI, a énormément changé : la majorité de la population est très jeune, la société civile a fait preuve ces dernières années d'un grand enthousiasme, notamment dans le domaine des droits de l'homme. Les nouvelles élites veulent se débarrasser de toutes les pratiques " makhzanniennes " de l'ancien régime en aspirant à des changements réels et profonds à tous les niveaux[27].

C'est l'aboutissement d'un processus démocratique appuyé par une volonté politique royale qui vise le changement et la restauration de l'Etat de droit. Cela dit, il faut reconnaître que « *les premiers actes de Mohamed VI ont largement libéré les marocains de la peur. L'opacité recule. La parole se libère. La citoyenneté avance. Les libertés publiques progressent* »[28].

Partant de là, le contexte politique était des plus favorables pour initier le règlement des violations graves et massives du passé afin de consacrer le respect des droits de

---

[26] - Forum Vérité et Justice est une association créée en novembre 1999 par des anciens détenus politiques et des familles des victimes de la répression au Maroc. Son objectif est de défendre les victimes des années de plomb et contribuer à faire lumière sur toutes les violations des droits de l'homme dans le passé. Pour plus d'informations voir : http://www.fvjmaroc.org
[27] - Abderrahim Lamchichi, « *de formidables défis pour le jeune roi Mohamed VI* », Confluences Méditerranée, n.31, automne 1999.
[28] - Bernard Cubertafond, *La vie politique au Maroc*, L'Harmattan, Paris, 2001, p.7.

l'homme : libération des détenus politiques, succession monarchique réalisée sans problèmes, gouvernement d'alternance, réformes démocratiques, et des changements institutionnels et politiques dans la douceur[29].

---

[29]- Pour plus de données sur l'évolution historique des droits de l'homme au Maroc voir : Marguerite Rollinde, *Le mouvement marocain des droits de l'homme*, karthala- Institut Maghreb- Europe, Paris, 2002.

Chapitre II
Les réformes institutionnelles

Le Maroc a entrepris à partir des années 1990 des réformes importantes au niveau institutionnel pour renforcer le processus de démocratisation, en vue de promouvoir une culture citoyenne et de renforcer le respect des droits de l'homme.

Dans ce contexte, le Maroc a vu, depuis les années 90, l'instauration de nouvelles institutions pour garantir la promotion des droits de l'homme.

A- Le nouveau concept d'autorité

Dans son discours du 12 octobre 1999 à Casablanca devant les représentants des wilayas, régions, provinces et préfectures, S.M le roi a mis en avant une nouvelle conception de l'autorité, appelant à la réforme de l'administration et sa réconciliation avec le citoyen de telle façon que l'autorité soit au service des citoyens et non le contraire. S.M a affirmé que : « *la responsabilité de l'autorité dans les divers domaines de ses compétences consiste à assurer la protection des libertés, à préserver les droits, à veiller à l'accomplissement des devoirs et à réunir les conditions nécessaires qu'exige l'état de droit....Nous voudrions à cette occasion expliciter un nouveau concept de l'autorité et de ce qui s'y rapporte, un concept fondé sur la protection des services publics, des affaires locales, des libertés individuelles et collectives, sur la préservation de la sécurité et la stabilité, la gestion du fait local et le maintien de la paix sociale* »[30]. Par ailleurs, dans ses discours S.M le roi a stigmatisé à plusieurs reprises la léthargie administrative qui entrave l'exécution et l'accélération des réformes dans le pays.

---

[30] - Journal Le Matin, 14/10/1999.

De sa part, dans son discours inaugural de politique générale en 1998, Abderrahman Youssoufi, premier ministre, a affirmé que la réforme de l'administration est un objectif primordial : " *Notre ambition est de contribuer à bâtir une administration efficace, resserrée sur ses missions essentielles, dotées de ressources répondant à ses besoins réels (...). La remise en ordre des structures administratives, l'engagement résolu dans la déconcentration, la lutte contre la complexité et les lenteurs administratives et l'instauration de nouveaux rapports entre l'administration et les citoyens, en constitueront l'essentiel... avec l'accroissement des performances et la maîtrise des effectifs, la lutte contre toutes les formes de déviance, d'abus de pouvoirs et d'impunité...* ".

A travers ce nouveau concept d'autorité, l'Etat marocain a fait montre de sa volonté de marquer une rupture avec les mœurs politiques et les pratiques administratives trop chargées par l'impératif sécuritaire, et de rapprocher l'administration des citoyens, et ce *via* la mise en œuvre d'une politique de proximité garantissant la préservation des droits des citoyens.

Dans ce cadre, désormais toutes les décisions des administrations publiques, des collectivités locales et des établissements publics doivent être motivées lorsqu'elles sont défavorables aux intéressés[31].

Cette ambition requiert une modification radicale de la culture désuète de *"makhzen"* en faveur d'une authentique culture démocratique et civique qui renoue avec les valeurs de citoyenneté et de responsabilisation[32].

---

[31] - L'obligation de motiver les décisions administratives est établie en vertu de la nouvelle loi n° 01-03, B.O. n° 5030 du 15/08/2002.
[32] - Pour plus d'informations sur le nouveau concept de l'autorité, voir : La revue marocaine d'administration locale et de développement (REMALD), *Le nouveau concept de l'autorité*, série « thèmes actuels », n.25, 2001.

Le geste le plus fort et le plus significatif qui concrétise cette rupture et la mise en place de nouvelles règles régissant la relation entre les pouvoirs publics et le citoyen, était le limogeage du fameux ministre de l'intérieur Driss Basri à la fin 1999[33]. Il était le symbole de "la priorité sécuritaire" et de l'omniprésence de Makhzen dans l'appareil étatique marocain durant plus de vingt ans (depuis 1979 : un record pour un ministre de l'intérieur !). Il a mené et encouragé une politique administrative ultra bureaucratique, fondée sur le souci sécuritaire, l'oppression, le népotisme, le clientélisme....

L'autorité du makhzen consacre l'absence de la culture institutionnelle et met les intérêts personnels au cœur de son système au détriment de l'intérêt général de la société toute entière, d'ailleurs les allégeances personnelles, familiales, régionales, prennent souvent le pas sur la loyauté vis-à-vis de l'Etat et de la loi.

Comme l'a bien remarqué Mohamed Mouaquit, « *la question du changement de l'Etat makhzénien hante toute la vie politique du Maroc indépendant. La dynamique du mouvement des droits de l'homme au Maroc se situe par rapport à cette problématique et son intelligibilité se détermine à partir des contraintes que celle-ci fait peser sur le champ politique marocain* »[34]. Aujourd'hui encore certains politologues pensent que même si l'emprise de Makhzen a perdu beaucoup de sa ferveur, elle est en train de se reconstituer pour s'adapter aux nouvelles données[35],

---

[33] - En décembre 1999, le premier ministre abderrahman youssoufi avait accueillit Driss Basri après son limogeage pour lui rendre hommage et le remercier pour « services rendus à la nation ». Ce qui a suscité l'indignation de plusieurs militants des droits de l'homme au Maroc.

[34] - Mohamed Mouaquit, « *le mouvement des droits de l'homme au Maroc, du Makhzen à l'Etat de droit* », Annuaire de l'Afrique du Nord tome XXXIV, CNRS Editions, 1995, p. 270.

[35] - Voir à ce propos : Lahsen Brouksy, *Makhzénité et modernité : révolution tranquille d'un roi*, El Maarif Aljadida, Rabat, 2002.

et un *néo-makhzen* avec des retouches modernes est en train de prendre la place de l'ancien makhzen[36]. A vrai dire, certaines forces de l'ancien régime et une nouvelle nomenklatura politique s'opposent encore à tout véritable changement, elles perçoivent l'Etat et l'administration davantage comme étant des prestataires de rentes et de privilèges que comme des institutions au service du bien général des citoyens. Pour cette raison, le politologue Jean Claude Santtuci pense que : « *la réforme du Makhzen est à inscrire en priorité sur l'agenda des autorités, à tous les niveaux de l'échelle institutionnelle, et un signe fort et exemplaire doit être donné en ce sens au sommet de l'Etat. Certes, il n'est pas facile de faire accepter la perspective de mettre fin aux "habitus" et aux intérêts des réseaux personnels sur lesquels s'est bâti le fonctionnement de l'autorité monarchique mais pourtant, c'est au prix de l'élimination progressive de ce "gouvernement des hommes" que le Maroc pourra redonner du sens et du contenu à son discours sur l'Etat de droit et sur son insertion dans la modernité* »[37]. D'ailleurs le phénomène de la corruption administrative est très répandu dans différents secteurs, les grands dossiers de malversations et détournements des deniers publics (affaires CNSS, CIH, CNCA, BNDE, l'OFPPT,Comanav,….et bien d'autres) démontrent l'ampleur du phénomène et ses conséquences néfastes sur la croissance économique et sociale du pays. Ceci discrédite le rôle des institutions publiques et entrave le sens du civisme chez les citoyens marocains. Ainsi, selon les rapports de Transparency international, le Maroc a enregistré ces dernières années une dégradation par rapport aux années précédentes, au classement dans

---

[36] - « Le Makhzen tire sa force de sa mobilité et de sa capacité à s'adapter à de nouveaux rapports de force. Il se régénère en introduisant ses propres règles à toutes les instances qui comptent », cité in Rachida Cherifi, op.cit, p.10.

[37] - Jean Claude Santucci , (entretien), Le journal, n° 120, du 12 au 18 juillet 2003,p.12.

l'échelle de la transparence basé sur l'indice de perception de la corruption : 45éme place en 1999, 52éme en 2002, 77éme en 2004, 78éme en 2005 et 79éme en 2006. Cependant il a amélioré son classement en passant à la 72éme place en 2007, mais il a reculé encore une fois en 2008 au 80éme rang.

Afin de lutter contre la corruption et de moraliser la vie publique, le Maroc a adopté en 2007 plusieurs mesures juridiques, judiciaires et financières :

- Ratification de la Convention des Nations Unies contre la corruption, adoptée à New York le 31 octobre 2003[38].

- Création de l'Instance centrale de prévention de la corruption[39].

- Loi 43-05 contre le blanchiment des capitaux.

- Décret n° 2-06-388 du 5 février 2007 fixant les conditions et les formes de passation des marchés de l'Etat ainsi que certaines règles relatives à leur gestion et à leur contrôle[40].

- Loi n° 52-06 relative au code des tribunaux financiers. Elle vise à soumettre les juges des tribunaux financiers à l'obligation de déclarer leurs biens et à préciser les conditions et les procédures de traitement des déclarations obligatoires de biens auxquelles sont soumis les élus et les grands fonctionnaires.

- Loi n° 54-06, relative à l'instauration de la déclaration obligatoire du patrimoine pour certains élus, conseillers locaux et certaines catégories de fonctionnaires et d'agents publics.

Malgré la lenteur des réformes, ce qui est sûr, c'est que le changement de l'autorité administrative sous le règne de

---

[38] - Dahir n° 1-07-58 du 19 kaada 1428 portant publication de la Convention des Nations Unies contre la corruption. B.O. n° 5596 du 17 janvier 2008.
[39] - Décret n° 2-05-1228 du 23 safar 1428 instituant l'Instance centrale de prévention de la corruption. B.O. n° 5514 du 5 avril 2007.
[40] - B.O n° 5518 du 19 avril 2007.

S.M Mohamed VI est irréversible, et le Maroc est résolu à poursuivre le chemin pour assainir, améliorer et moderniser l'administration afin qu'elle soit un facteur de développement et de confirmation de l'Etat de droit.

B- Le Conseil consultatif des droits de l'homme

Le CCDH a été créé par dahir[41] n° 1-90- 12 du 20 avril 1990. C'est une institution nationale spécialisée et chargée d'une mission consultative auprès du roi sur les questions relatives à la défense et la protection des droits de l'homme, le respect et la garantie de leur plein exercice et à leur promotion. Le Conseil se veut être une institution nationale pluraliste et indépendante des autorités législatives, judiciaires et exécutives. Ses attributions sont nombreuses. Parmi les plus importantes :

- Emettre un avis consultatif sur les questions d'ordre général ou spécial se rapportant à la défense et à la protection, au respect et à la promotion des droits humains, des libertés des citoyens, des groupes sociaux et des collectivités, et accomplir toute mission que sa majesté lui confie dans ce domaine ;

- Soumettre toute proposition ou rapport susceptible d'assurer une meilleure protection et une plus large promotion des droits de l'homme;

- Soumettre un rapport annuel sur l'état des droits de l'homme ainsi que sur le bilan et les perspectives de l'action du Conseil ;

- Etudier l'harmonisation des textes législatifs et réglementaires nationaux avec les conventions internationales des droits de l'homme que le Maroc a ratifiées ou auxquelles il a adhéré et qui sont dûment publiées ;

---

[41] - Dahir : dans le droit marocain, c'est un décret du roi, un acte par lequel le souverain donne force juridique obligatoire à ses décisions. Il peut avoir un contenu législatif ou administratif.

- Encourager la ratification ou l'adhésion du Maroc aux conventions internationales des droits de l'homme et étudier les projets de conventions et les projets de textes législatifs et réglementaires relatifs aux droits de l'homme qui sont soumis à l'appréciation du Conseil ;
- Examiner, de sa propre initiative ou sur requête de la partie concernée, les cas de violations des droits de l'homme qui lui sont soumis et faire les recommandations qui s'imposent à l'autorité compétente ;
- Contribuer, par tous les moyens appropriés, à la diffusion et à l'enracinement de la culture des droits de l'homme;
- Coopérer avec l'ONU et les institutions qui en relèvent ainsi qu'avec les institutions internationales, régionales, et les instances nationales des autres pays ayant compétence en matière de protection des droits de l'homme, et œuvrer au renforcement du rôle du royaume dans ce domaine.

Dans son discours du trône en 2001, S.M Mohammed VI a pris la décision de réorganiser le Conseil, et ce dans le souci de renforcer son autonomie et d'élargir ses compétences. En vertu du dahir n° 1-00-350 du 10 avril 2001 portant réorganisation du Conseil, l'indépendance de ce dernier s'est renforcée grâce à son autonomie administrative et financière. En outre, dans sa composition, il est devenu plus ouvert sur la société civile, en plus de la représentativité des partis politiques, des syndicats et des organismes intéressés par les droits de l'homme, on a consacré une place importante à la représentativité des associations les plus actives dans tous les domaines des droits humains : droits civils, politiques, économiques, sociaux et culturels, droits catégoriels, droit au développement, droit à l'environnement et droit à la citoyenneté[42].

---

[42] - Pour plus de données sur le Conseil consultatif des droits de l'homme, consulter le site web : www.ccdh.org.ma

Ainsi le Conseil se compose d'un président et de 44 membres au plus qui disposent d'un pouvoir délibératif, choisis pour leur impartialité, leur probité morale, leur compétence intellectuelle, leur attachement aux droits de l'homme. Le président est nommé par le roi pour un mandat de six ans renouvelable, les 44 membres sont nommés pour quatre ans selon la procédure suivante :

- 14 membres proposés par les associations les plus actives dans le domaine des droits de l'homme ;
- 9 membres proposés respectivement par les partis politiques et les syndicats ;
- 6 membres à raison d'un membre par organisme proposés respectivement par la Ligue des oulémas du Maroc, l'Amicale hassanienne des magistrats, l'Association des barreaux du Maroc, l'Ordre national des médecins, les associations représentant le corps professoral universitaire et la Fondation Hassan II des marocains résidant à l'étranger ;
- Le médiateur (wali al Madalim) ;
- 14 membres choisis par le roi.

Le CCDH a travaillé sur plusieurs dossiers, il a pu réaliser quelques acquis, surtout au sujet de la grâce en faveur des détenus politiques, les disparitions forcées, les détentions arbitraires, l'indemnisation des victimes des violations graves des droits de l'homme, la création de L'Instance équité et réconciliation ....Cependant, à quel point cette institution peut-elle contribuer à la diffusion et à l'enracinement de la culture des droits de l'homme ? Est-elle capable d'examiner d'une manière indépendante et impartiale les grandes questions épineuses des droits de l'homme au Maroc ? Certains défenseurs des droits de l'homme contestent l'indépendance du Conseil, ils pensent qu'il est monopolisé par le roi, et qu'il est souvent une

---

Voir aussi : *Rapport sur la situation des droits de l'homme au Maroc 2003*, Conseil consultatif des droits de l'homme, 2004, pp.17-19.

courroie de transmission des orientations officielles du régime en matière des droits de l'homme et qu'il n'assure pas une véritable représentativité pluraliste des forces de la société civile[43]. On va jusqu'à mettre en doute la conformité de cette institution avec les critères des Principes de Paris[44], et ne pas reconnaître ce Conseil comme étant une véritable institution nationale de protection et de promotion des droits de l'homme.

Certains politologues croient que son instauration est une stratégie pour maîtriser l'espace des droits de l'homme, contenir les revendications de la société civile et donner une belle image des droits de l'homme à l'étranger. C'est la politique d'investir dans le domaine des droits de l'homme comme vitrine à usage externe[45]. Claude Santucci qualifie le CCDH d'un « *organisme dont la composition et la mission relèvent de la plus pure stratégie néo-makhzénienne de contrôle social et d'intégration politique* »[46].

Malgré ces critiques, il n'en reste pas moins que l'expérience du CCDH, jusqu'à maintenant, a montré une fois de plus la volonté politique et le grand intérêt que porte l'Etat marocain aux questions des droits de l'homme.

---

[43] - L'Association marocaine des droits de l'homme a refusé de siéger dans le Conseil consultatif des droits de l'homme, selon ses dirigeants c'est dans le but de préserver son indépendance.
[44] - Principes de Paris concernant le statut des institutions nationales pour la protection et la promotion des droits de l'homme, ont été adoptés par l'Assemblée générale dans sa résolution 48/134 du 20 décembre 1993.
[45] - Voir Antoine Sanguinetti, op.cit., p.19.
[46] - Jean- Claude Santucci, « *Etat de droit et droits de l'homme au Maroc, réflexions à propos du conseil consultatif des droits de l'homme*», Annuaire de l'Afrique du Nord, Tome XXXIV, CNRS éditions, 1995, p.291.

C- Diwan Almadhalim

Diwan Almadhalim a été instauré par le dahir n° 1-01-298 du 9 décembre 2001. Sa création s'appuie sur la tradition d'une ancienne institution du droit public musulman, mais aussi sur les expériences des démocraties modernes au niveau de la défense du citoyen contre les abus de l'administration (Ombudsman, le médiateur, el defensor del pueblo ...).

Cette institution nationale est chargée du règlement extra judiciaire des différends entre les citoyens et les administrations, de la promotion de l'intermédiation entre les administrés et les établissements publics et elle incite les administrations à respecter les règles de primauté du droit et de l'équité.

Le Diwan examine les plaintes et les doléances des citoyens contre les décisions et les faits préjudiciables aux usagers des services publics. Il entreprend toutes les démarches possibles pour remédier aux préjudices causés par l'administration, et peut adresser des recommandations, suggestions et des observations aux administrations concernées.

Le Wali Almadhalim, qui est nommé par le roi pour six ans renouvelables, dirige cette institution, il est habilité avec ses délégués à intervenir au niveau des administrations centrales et locales. Toute administration sujette d'une plainte doit lui faciliter la tâche en lui fournissant toutes les informations et les documents nécessaires. De même toutes les administrations qui reçoivent les recommandations et les observations du Diwan Almadhalim doivent prendre les mesures nécessaires pour régler leurs litiges avec les administrés, cette institution doit être informée par écrit des résultats obtenus. Le Wali Almadhalim et ses délégués sont tenus de faire connaître par écrit au plaignant le résultat de sa requête.

Pour éviter toute interférence de compétences, l'article 6 de dahir portant création de cette institution dispose que cette instance ne peut examiner les requêtes relatives à des affaires pour lesquelles la justice est saisie ou celles qui relèvent de la compétence du CCDH. Le règlement intérieur de l'institution prévoit certaines conditions pour la présentation des doléances :

- La plainte doit être écrite, et dans l'impossibilité de le faire, le requérant peut la présenter oralement. Son contenu est consigné dans un procès-verbal, établi par l'un des délégués de Wali Almadhalim ou un de ses collaborateurs et signé par l'intéressé ;
- Elle doit contenir les indications complètes sur l'identité du plaignant : son nom, prénom, adresse, et s'il s'agit d'une personne morale, sa dénomination, sa nature et son représentant légal ;
- Elle doit indiquer la position de l'administration ou de l'établissement public objet de la plainte;
- Elle doit citer brièvement les motifs la justifiant ;
- Le plaignant doit préciser toutes les démarches effectuées conformément à la législation pour faire valoir ses droits auprès de l'administration concernée ;
- La plainte doit également comporter une déclaration attestant que l'objet de la plainte n'est pas porté devant la justice et qu'aucune décision judiciaire n'a été rendue à son propos ;

Le Dahir créant l'institution et son règlement interne ont fixé des principes et des règles de référence obligatoires pour que les plaintes soient recevables. Parmi ces principes :
- Le rejet de toute plainte d'origine inconnue ;
- La possibilité de délégation pour la présentation de la plainte assortie d'une procuration légalisée par les autorités compétentes dans le respect des textes législatifs est admise ;

- L'irrecevabilité de toute plainte ou doléance contenant des expressions injurieuses ou diffamatoires contre une personne ou une instance déterminée ;
- Le recours à Diwan Almadhalim n'a pas pour effet d'interrompre ou de suspendre les délais de prescription et les recours prévus par la loi.

Le Wali Almadhalim doit présenter au roi un rapport annuel sur le bilan de ses activités, il présente aussi au premier ministre ses observations, recommandations et suggestions et adresse un rapport au CCDH [47].

Selon le rapport sur le bilan de ses activités en 2004 et 2005, le Diwan a reçu 12082 plaintes en 2004 et 4067 en 2005 et environ 48% des plaintes en 2004 n'entrent pas dans sa compétence ou ne remplissent pas les conditions de recevabilité[48].

A travers son traitement des doléances des citoyens à l'encontre de l'administration et de tout autre organisme disposant des prérogatives de puissance publique, le Diwan peut compléter et renforcer le rôle de la justice, notamment dans la protection des droits et des libertés des citoyens. Il contribue aussi à la moralisation des services publics et l'instauration d'une administration proche des citoyens et respectueuse de l'Etat de droit.

Même si Diwan Al Madhalim vise à rapprocher le citoyen de l'administration, on remarque une lenteur dans son action et une inefficacité au niveau de son travail, et cela est dû, parait-il, essentiellement à l'inflation institutionnelle en matière des institutions qui sont

---

[47] - Pour plus de renseignements sur Diwan Al Madhalim, consulter : www.diwan-almadhalim.ma
Voir aussi, Rapport du CCDH , 2003, op.cit ; p.19-22.
[48] - Pour plus de données sur les indicateurs concernant les plaintes et les doléances reçues et les résultats de leur examen, Voir Rapport sur le bilan d'activité de Diwan Almadhalim 2004 et 2005, p. 30-52. Consultable sur le site :
http://www.diwan-lmadhalim.ma/admin/download/upload/rapport2004-2005-fr.pdf

chargées de recevoir et d'examiner les requêtes des citoyens. Le citoyen marocain, lorsqu'il vient à Rabat pour déposer sa plainte, se sent perplexe .Où se diriger, au Cabinet royal ? Au Diwan Almadhalim ? À la direction réservée aux plaintes au Ministère des droits de l'homme ? (Le ministère n'est plus dans la composition de gouvernement depuis 2005), Au CCDH ? Aux départements qui s'occupent dans plusieurs ministères des plaintes des citoyens ? Le résultat est que le citoyen se sent perdu, et dans la plupart des cas sa plainte ne reçoit aucune suite de la part des responsables concernés. De plus cette institution souffre de manque de communication, son rôle au service des citoyens est ignoré par la plupart des marocains.

D- L'Institut royal de la culture amazighe

L'IRCAM a été créé par S M Mohamed VI par le dahir n° 1-01-299 du 17 octobre 2001. Dans son discours prononcé à Ajdir (Khénifra), le souverain a déclaré :

« ... *Nous voulons aussi affirmer que l'amazighité qui plonge ses racines au plus profond de l'histoire du peuple marocain appartient à tous les marocains, sans exclusive, et qu'elle ne peut être mise au service de desseins politiques de quelque nature que ce soit. ...La promotion de l'amazighe est une responsabilité nationale, car aucune culture nationale ne peut renier ses racines historiques... En s'acquittant de ses missions de sauvegarde, de promotion et de renforcement de la place de la culture amazighe dans l'espace éducatif, socioculturel et médiatique national, l'Institut royal de la culture amazighe lui donnera une nouvelle impulsion en tant que richesse nationale et source de fierté pour tous les marocains* ».

L'IRCAM est une institution nationale académique dotée de la pleine capacité juridique et de l'autonomie financière, elle dépend directement du roi et elle est placée sous sa protection tutélaire. En juin 2002, S.M le roi a nommé les membres du conseil d'administration de l'Institut[49].

L'instauration de l'IRCAM vise à sauvegarder et à promouvoir la culture amazighe dans toutes ses expressions, ce qui devait permettre l'introduction de la culture et la langue amazighes dans le système éducatif et assurer leur intégration dans l'espace social, culturel et médiatique, national, régional et local.

En vertu de l'article 3 du son statut, l'IRCAM est chargé de mener les actions suivantes :

- Réunir et transcrire l'ensemble des expressions de la culture amazighe, les sauvegarder, les protéger et en assurer la diffusion ;

- Réaliser des recherches et des études sur la culture amazighe et en faciliter l'accès au plus grand nombre, diffuser les résultats et encourager les chercheurs et experts dans les domaines y afférents ;

- Promouvoir la création artistique dans la culture amazighe afin de contribuer au renouveau et au rayonnement du patrimoine marocain et de ses spécificités culturelles ;

- Etudier la graphie amazighe de nature à faciliter l'enseignement de l'amazigh par :

  • La production des outils didactiques nécessaires à cette fin, et l'élaboration de lexiques généraux et de dictionnaires spécialisés ;

  • L'élaboration des plans d'actions pédagogiques dans l'enseignement général et dans la partie des programmes relative aux affaires locales et à la vie régionale, le tout en cohérence avec la politique générale de l'Etat en matière d'éducation nationale ;

---

[49] - La cérémonie officielle des nominations le 27 juin 2002 n'a pas été retransmise par les deux chaînes de télévision publiques, en raison de refus de faire le baisemain au souverain.

- Contribuer à l'élaboration des programmes de formation initiale et continue au profit des cadres pédagogiques chargés de l'enseignement de l'amazigh et des fonctionnaires et agents qui, de par leur profession, sont amenés à l'utiliser, et d'une manière générale pour toute personne désireuse de l'apprendre ;
- Aider les universités à organiser des centres de recherche et de développement linguistique et culturel amazigh et à former les formateurs ;
- Rechercher les méthodes de nature à encourager et renforcer la place de l'amazigh dans les espaces de communication et d'information ;
- Etablir des relations de coopération avec les institutions et établissements à vocation culturelle et scientifique, nationaux et étrangers poursuivant des buts similaires[50].

E - La Haute autorité de la communication audiovisuelle

La création de la Haute autorité de la communication audiovisuelle (HACA)[51] le 31 août 2002[52] constitue un pas juridique très important vers la consécration du pluralisme, la liberté d'information et la consolidation de l'Etat de droit. Le préambule du statut de la HACA énonce que : « *le droit à l'information, élément essentiel de la libre communication des pensées et des opinions, doit être assuré, notamment, par une presse indépendante, des moyens audiovisuels pouvant se constituer et s'exprimer librement, un service public de radio et de télévision capable d'assurer le pluralisme des divers courants*

---

[50] - Voir le site web de l'IRCAM : www.ircam.ma
[51] - Voir le site : www.haca.ma
[52] - Dahir n° 1-02-212 du 31 août 2002 portant création de la Haute autorité de la communication audiovisuelle, B. O n° 5036 du 15 Septembre 2002.

d'opinion, dans le respect des valeurs civilisationnelles fondamentales et des lois du Royaume, notamment celles relatives à la protection de la jeunesse et au respect de l'honneur et de la dignité des personnes ».

La HACA est une autorité administrative indépendante du gouvernement qui assure la régulation et le contrôle du secteur de la communication audiovisuelle. Elle est composée du Conseil supérieur de la communication audiovisuelle, qui a un pouvoir de délibération, et de la Direction générale de la communication audiovisuelle qui remplit les fonctions administratives et techniques.

Parmi les attributions de cette instance :

- Donner des avis au roi, au parlement et au gouvernement sur toutes les questions relatives à la communication audiovisuelle ;
- Donner obligatoirement des avis au premier ministre et aux présidents des deux chambres de parlement, sur les projets et les propositions de lois relatifs au secteur de la communication audiovisuelle ;
- Veiller au respect, par tous les pouvoirs ou organes concernés, des lois et règlements applicables à la communication audiovisuelle ;
- Instruire les demandes d'autorisation de création et d'exploitation des entreprises de communication audiovisuelle, selon les procédures légales et réglementaires en vigueur et accorder les autorisations y afférentes, conformément à la législation et la réglementation en vigueur ;
- Contrôler le respect, par les organismes de communication audiovisuelle, du contenu des cahiers de charges et, de manière générale, le respect, par les dits organismes, des principes et règles applicables au secteur ;
- Veiller au respect de l'expression pluraliste des courants de pensée et d'opinion, notamment en matière d'information politique, tant par le secteur privé que par le secteur public de l'audiovisuel ;

- Sanctionner les infractions commises par les organismes de communication audiovisuelle, ou proposer aux autorités compétentes, conformément à la législation en vigueur et aux cahiers de charges concernés, les sanctions encourues.

La HACA peut recevoir des plaintes émanant des organisations politiques, syndicales ou des associations reconnues d'utilité publique, relatives à des violations, par les organes de communication audiovisuelle, des lois ou règlements applicables au secteur de la communication audiovisuelle. Il peut également être saisi par l'autorité judiciaire, afin de lui donner avis sur les plaintes fondées sur des violations de la législation ou réglementations au secteur de la communication audiovisuelle et que ladite autorité aurait à connaître.

Par ailleurs le Maroc a mis fin au monopole de l'Etat sur le secteur audiovisuel, il a entamé une politique de libéralisation afin de garantir le respect des principes de liberté d'expression et du pluralisme. Ainsi, en septembre 2002 le Maroc a adopté un décret loi concernant la suppression du monopole de l'Etat en matière de radiodiffusion et de télévision[53].

Ce processus de démocratisation de la communication audiovisuelle a abouti à la mise en place en janvier 2005 du cadre juridique qui détermine les principes généraux et les mécanismes essentiels nécessaires à la restructuration et à la réglementation du secteur audiovisuel[54].

---

[53] - Décret-loi n° 2-02-663 du 2 rajeb 1423 (10 septembre 2002) portant suppression du monopole de l'Etat en matière de radiodiffusion et de télévision, B O : n° 5040 du jeudi 19 septembre 2002.
[54] - Dahir n°1-04-257 du 25 kaada 1425 (7 janvier 2005) portant promulgation de la loi n° 77-03 relative à la communication audiovisuelle, B. O : N°5288, 03 février 05.

F- Instance Equité et Réconciliation

S.M Mohamed VI a décidé le 6 novembre 2003 d'approuver la recommandation rendue par le CCDH en vertu de l'article 7 du dahir n°1-00.350 portant sa réorganisation, et ce pour la création d'une commission *ad hoc*, appelée : Instance équité et réconciliation .Cette instance a été installée officiellement par S.M le roi Mohamed VI le 7 janvier 2004. Dans son discours, à cette occasion, il a déclaré : « *Nous considérons votre instance comme une commission de la vérité et de l'équité....En élaborant son règlement intérieur, et en conduisant la noble mission qui lui dévolue, la commission aura à cœur de se conformer à la décision portant création de cette instance, ainsi qu'aux conventions internationales des droits de l'homme et aux idéaux de l'islam prônant la tolérance et le pardon* ».

Conformément à ses statuts, l'Instance équité et réconciliation est une commission nationale pour la vérité, l'équité et la réconciliation. Elle est indépendante et dispose de compétences extra judiciaires en matière d'établissement de la vérité sur les violations graves des droits de l'homme commises dans le passé. Le mandat de l'IER s'applique à toutes les violations graves des droits de l'homme, et particulièrement celles qui revêtent un caractère systématique et massif, et ce durant la période qui s'étend entre 1956, année de l'indépendance du Maroc et jusqu'à 1999, année de l'intronisation du S.M le roi Mohamed VI.

L'IER exerce les missions suivantes :

▶ Etablir la vérité :
- Etablir les faits des violations des droits de l'homme commises dans le passé , et ce par l'investigation, le recueil de déclarations et témoignages, l'examen des archives officielles, ainsi que la collecte de toutes informations et

données pouvant contribuer à la recherche de la vérité auprès de toute source ;

- Poursuivre les investigations concernant les cas non encore clarifiés de disparition forcée, afin d'élucider le sort des disparus, et proposer des solutions adéquates aux cas des décès avérés ;

- Déterminer la responsabilité des organes étatiques ou autres dans les violations et les faits objet des investigations ;

- Elaborer un rapport comportant les conclusions des investigations et analyses concernant les violations, leur contexte et leur cause ;

- Procéder à la réparation due aux victimes et/ou leurs ayants droit par l'indemnisation matérielle, la réhabilitation et la réinsertion sociale et toutes autres formes de réparation adéquates.

▶ **Formuler des recommandations et des garanties de prévention et de non répétition :**

Le rapport final de l'IER comprendra, en plus du bilan des investigations et analyses effectuées au sujet des violations et leurs contextes, des recommandations qui visent à établir des mesures et des politiques en vue de préserver la mémoire, instituer des garanties législatives et institutionnelles consacrant la rupture définitive avec les pratiques du passé et réparer les séquelles des violations, renforcer la primauté de l'Etat de droit et le respect des droits de l'homme.

▶ **Promouvoir la réconciliation :**

Contribuer au développement de la culture du dialogue fondée sur les valeurs citoyennes et la culture des droits de l'homme afin de consolider le processus de la réconciliation, et élargir la participation et l'adhésion aux changements démocratiques[55].

---

[55] - Voir le site web : www.ier.ma

CHAPITRE III
Les réformes juridiques

Durant la dernière décennie du 20éme siècle et les premières années du nouveau siècle, le Maroc a entamé un changement prometteur d'une nouvelle ère des droits de l'homme. Il a ouvert des grands chantiers et des réformes normatives qui consacrent sans équivoque son engagement pour le respect des droits humains, l'élargissement des espaces des libertés et la consolidation de l'Etat de droit.

Par ailleurs, et avec les révisions constitutionnelles de 1992 et 1996, le préambule de la constitution proclame l'attachement du Maroc à l'esprit universel des droits de l'homme. Ce qui ouvre un nouvel horizon en matière d'intégration et d'harmonisation des législations internes avec le droit international des droits de l'homme.

La consolidation des droits de l'homme exige le renouvellement de l'arsenal juridique et son harmonisation pour qu'il s'adapte à l'évolution de la société et aux normes du droit international des droits de l'homme. Dans ce cadre, le Maroc a ouvert un éventail de réformes juridiques visant le renforcement des principes des droits de l'homme dans le système juridique marocain. Ces réformes touchent plusieurs domaines : les droits de la femme, les droits de l'enfant, la non-discrimination, les règles pénales, la bonne administration de la justice, le code des libertés publiques, la prévention contre la torture, l'adhésion aux conventions internationales des droits de l'homme....On ne peut signaler toutes les réformes et les nouvelles lois, mais on peut mentionner à titre d'exemple les textes juridiques suivants :
- Loi portant création des tribunaux administratifs[56].
- Loi portant statut des journalistes professionnels[57].

---

[56] - Loi n° 90-40.
[57] - Loi n° 21-94.

- Loi relative à l'organisation et au fonctionnement des établissements pénitenciers[58].
- Loi relative au code de procédure pénale[59].
- Loi sur le droit d'association[60].
- Loi relative à l'obligation de motiver les décisions administratives émanant des administrations publiques, des collectivités locales et des établissements publics, lorsqu'elles sont défavorables aux intéressés[61].
- Loi relative au code de la presse et de l'édition[62].
- Loi relative à la protection et à la mise en valeur de l'environnement[63].
- Loi relative au code du travail[64].
- Loi relative au code de la famille[65].

A- La promotion des droits des femmes

La condition de la femme marocaine a constitué depuis longtemps un grand souci pour les mouvements des droits de l'homme au Maroc, et ce en raison de sa marginalisation dans la société marocaine et de sa situation dégradante au niveau juridique, institutionnel et politique[66].

---

[58] - Loi n° 23-98.
[59] - Loi n° 01-22.
[60] - Loi n° 00-76 modifiant et complétant le dahir du 15 novembre 1958.
[61] - Loi n° 01-03.
[62] - Loi n° 77-00 modifiant et complétant le dahir du 15 novembre 1958.
[63] - Loi n° 11-03.
[64] - Loi n° 70-03.
[65] - Pour plus de détailles voir, Rapport du CCDH, 2003, p.15-17.
[66] - Pour en savoir plus sur ce sujet voir,
- Zakya Daoud, *Féminisme et politique au Maghreb*, Eddif, 1996.
- Fadéla Sebti, *Vivre Musulmane au Maroc*, Guide des droits et obligations de la femme marocaine, Le Fennec, 1997.
- Julie Combe, *La condition de la femme marocaine*, L'Harmattan, Paris, 2001.

Le discours royal à l'occasion de l'ouverture de la session parlementaire, le 10 octobre 2003, a donné un grand souffle aux droits des femmes, il a défini les grandes orientations de la réforme des règles du code de la famille. S.M Mohamed VI a affirmé dans ce discours qu'il est : « *nécessaire de s'inspirer des desseins de l'islam tolérant qui honore l'homme et prône la justice, l'égalité et la cohabitation harmonieuse, et de s'appuyer sur l'homogénéité du rite malékite, ainsi que sur l'Ijtihad qui fait de l'Islam une religion adaptée à tous les lieux et à toutes les époques, en vue d'élaborer un code moderne de la famille, en parfaite adéquation avec l'esprit de notre religion tolérante* ».

C'est ce qui a été concrétisé avec l'adoption par le parlement (à l'unanimité de ses deux chambres (chambre des représentants et des conseillers) du nouveau code de la famille fin janvier 2004. Cette réforme est basée sur une lecture ouverte et moderne de l'Islam, en employant "Al ijtihad[67]" au service de la promotion de la condition de la femme, et ce en parfaite conformité avec l'esprit humaniste de la loi islamique. Pour cette raison, la réforme du statut personnel au Maroc est considérée par plusieurs observateurs comme une révolution silencieuse sans précédent dans la plupart des pays arabes et musulmans.

Les principales avancées réalisées par le nouveau code de la famille par rapport à l'ancien code du statut personnel concernent plusieurs axes :

▶ Consécration du principe de l'égalité entre la femme et l'homme :

- Egalité au niveau de la responsabilité familiale : ainsi la famille sera désormais placée sous la responsabilité conjointe des deux époux et non plus du seul mari.

---

[67] - Alijtihad est le fait d'interpréter les textes religieux afin de répondre aux questions contemporaines non prévues par la religion islamique ou qui sont objet de controverse entre les oulémas.

- L'abandon du principe de l'obéissance de l'épouse à son mari pour consacrer l'égalité des deux époux au niveau des droits et des devoirs.

- Abolition de la règle qui soumettait la femme, au nom de *la wilaya*[68] dans le mariage, à la tutelle d'un membre mâle de sa famille. *La wilaya* est désormais un droit de la femme majeure qui est maître de son choix et l'exerce selon sa volonté et son libre consentement. La femme n'a plus besoin de wali (tuteur) pour se marier.

- Egalité entre la femme et l'homme pour ce qui concerne l'âge du mariage, fixé uniformément à 18 ans (au lieu de 18 ans pour l'homme et 15 ans pour la femme dans l'ancien code).

- Le divorce est défini comme une dissolution des liens du mariage, un droit qu'exerce le mari et l'épouse, sous contrôle judiciaire, selon des conditions légales propres à chacun d'entre eux, alors que dans l'ancien code du statut personnel, le divorce constitue une prérogative exercée par l'époux de manière discrétionnaire et souvent abusive.

▶ **La polygamie soumise à l'autorisation du juge et à des conditions légales sévères qui la rendent presque impossible :**

- Le juge doit s'assurer qu'il n'existe aucune présomption d'iniquité et être convaincu de la capacité du mari à traiter la deuxième épouse et ses enfants sur le même pied d'égalité que la première et à leur garantir les mêmes conditions de vie.

- La femme peut conditionner son mariage à l'engagement du mari de ne pas prendre d'autres épouses, considérant que c'est l'un de ses droits.

- En l'absence d'une telle condition, la première femme doit être avisée que son mari va prendre une deuxième épouse et la seconde informée qu'il est déjà

---

[68] - *La wilaya* est un système de tutorat exercé par le parent mâle sur sa fille, ainsi son accord est nécessaire pour que l'acte du mariage soit légal.

marié. Par ailleurs, l'épouse peut invoquer le mariage du mari pour demander le divorce pour préjudice subi.

▶ **La consolidation de l'équité et de la justice**

- Protection de l'épouse des abus de l'époux dans l'exercice de son droit au divorce : le nouveau code de la famille garantit les droits de la femme en soumettant la répudiation à l'autorisation préalable du tribunal. Elle renforce les moyens de réconciliation par l'intermédiation de la famille et du juge et exige l'acquittement par le mari de tous les droits dus à la femme et aux enfants, avant l'enregistrement du divorce.

- Renforcement du droit de la femme à demander le divorce pour préjudice subi (femme battue, délaissée, abandonnée sans moyens de subsistance….) : le divorce est prononcé par le juge à la demande de l'épouse.

- En cas de divorce, la garde des enfants revient en priorité à la mère, puis au père, puis à la grand-mère maternelle.

- Au niveau de la répartition équitable des biens, il y a possibilité pour les époux d'établir un contrat avant le mariage pour gérer les biens acquis.

Afin de concrétiser ces réformes, plusieurs tribunaux de la famille, composés de juges spécialisés dans les lois relatives à la famille, ont été mis en place.

Si le code de la famille a constitué une avancée incontestable vers l'égalité *de jure*, sa mise en pratique a soulevé beaucoup de préoccupations de la part des associations de défense des droits des femmes. En effet la mise en oeuvre efficace des dispositions du code requiert le développement des mesures institutionnelles, éducatives, politiques et culturelles pouvant accompagner et renforcer l'esprit noble du nouveau code de la famille.

Plusieurs autres réformes ont renforcé la promotion des droits de la femme , ainsi le nouveau code du travail entré en vigueur le 8 juin 2004(loi n° 65-99) , prévoit quelques dispositions relatives à la protection de la maternité et à l'emploi des femmes :

- La salariée en état de grossesse attesté par un certificat médical dispose d'un congé de maternité de quatorze semaines, sauf stipulations plus favorables dans le contrat de travail, la convention collective du travail ou le règlement intérieur.

- Pendant une période de 12 mois courant à compter de la date de reprise du travail après l'accouchement, la mère salariée a droit quotidiennement, pour allaiter son enfant durant les heures du travail, à un repos spécial rémunéré comme temps du travail, d'une demi-heure l'après- midi. Cette heure est indépendante des périodes du repos appliquées dans l'entreprise.

En outre, les révisions apportées au code pénal (la loi n° 24-03, modifiant et complétant le code pénal et promulguée par dahir n° 1-03-207 du 11 novembre 2003), ont consolidé la protection de la femme contre la violence et le harcèlement sexuel. L'article 404 prescrit des peines aggravées à l'encontre de quiconque porte volontairement des coups ou cause des blessures ou commet toute autre forme de violence à l'encontre de son conjoint. En plus l'article 503 dispose que quiconque, abusant de l'autorité que lui confèrent ses fonctions, harcèle autrui en usant d'ordres, de menaces de nature sexuelle, est coupable d'harcèlement sexuel et passible de l'emprisonnement d'un an à deux ans et d'une amende de 5 mille à 50 mille dirhams. D'ailleurs cette protection a été renforcée par une peine de 10 à 20 ans de réclusion pour le viol, lorsqu'il est commis sur une personne incapable, handicapée ou connue pour ses facultés mentales faibles, ou sur une femme enceinte, ou sur un mineur de moins de 18 ans (au lieu de 15 ans auparavant) (article 486, alinea2)[69].

En vertu de l'ancien code de la nationalité, seuls les enfants nés d'un père marocain avaient le droit à la nationalité marocaine, l'article 6 de ce code dispose qu' « est marocain l'enfant né d'un père marocain, l'enfant

---

[69] - Le Rapport de CCDH 2003, op.cit, p. 76.

né d'une marocaine et d'un père inconnu ». De ce fait, la filiation légitime pour l'attribution de la nationalité marocaine était paternelle, la mère marocaine pouvait conférer à ses enfants la qualité de marocain seulement dans le cas où le père de ses enfants est inconnu. C'est ce qui a consacré l'inégalité entre la femme et l'homme et a posé de graves problèmes aux femmes marocaines mariées à des étrangers en ce qui concerne la nationalité de leurs enfants. Pour remédier à cette inégalité, SM Mohamed VI a décidé dans son discours en août 2005 d'accorder à l'enfant le droit d'obtenir la nationalité marocaine de sa mère. Ainsi le code de la nationalité marocaine a été modifié, l'article 6 de ce code stipule qu'il : « est marocain, l'enfant né d'un père marocain ou d'une mère marocaine »[70].

En plus, il faut signaler que la représentation des femmes au parlement a atteint les 10% grâce à une mesure de discrimination positive (quota) lors des élections législatives de septembre 2002. D'ailleurs dans un geste très significatif, S.M Mohamed VI, après les élections du 7 septembre 2007, a nommé sept femmes parmi les 33 ministres, ce qui est une première au Maroc.

Certes des avancées importantes ont été réalisées en faveur de l'amélioration des droits de la femme marocaine, néanmoins sa condition et son intégration dans la vie publique restent précaires. La promotion de la condition de la femme à tous les niveaux exige de dynamiser tous les acteurs de la société afin de changer les mentalités et de bien diffuser une culture respectueuse de la femme et de ses droits.

---

[70] - Le code de la nationalité marocaine a été modifié par la loi n° 62-06 promulguée par le dahir n° 1-07-80 du 23 mars 2007 , B.O . n° 5514 du 5 avril 2007.

B- La consécration des droits de l'enfant

Le Maroc a pris plusieurs initiatives dans la perspective d'améliorer la protection juridique des enfants et de se conformer aux conventions internationales des droits de l'homme, notamment la Convention relative aux droits de l'enfant. Dans ce contexte, on a procédé à la révision de certains textes juridiques et à l'adoption de nouvelles mesures juridiques.

Au niveau du code pénal :
- La majorité pénale a été portée à 18 ans ;
- L'incrimination de tout acte de vente ou d'acquisition d'enfants, ainsi que le fait de servir d'intermédiaire dans cette activité ;
- L'incrimination de tout travail forcé de l'enfant, lequel est défini comme étant le fait d'astreindre l'enfant à exercer un travail préjudiciable à sa santé, sa sécurité, ses mœurs ou à son éducation ;
- L'incrimination de toute incitation à l'exploitation des enfants mineurs dans la pornographie par toute représentation par quelque moyen que ce soit, d'un acte sexuel réel ou simulé ou toute représentation des organes sexuels d'un enfant à des fins sexuelles ;
- Aggravation des peines pour les infractions qui nuisent à l'enfant dans son corps, sa santé ou sa dignité, comme exciter, favoriser ou faciliter la débauche ou la prostitution de mineurs, ne pas avertir les autorités d'un crime déjà tenté ou consommé, commis contre un enfant âgé de moins de 18 ans, faciliter ou encourager la prostitution d'un mineur de moins de 18 ans. La peine capitale pourra être prononcée en cas de crime commis par la torture[71].

---

[71] - Le Maroc a ratifié en 2001 le Protocole facultatif à la Convention relative aux droits de l'enfant, concernant la vente d'enfants, la prostitution des enfants et la pornographie mettant en scène des enfants.

- **Au niveau du code du travail :**
- L'interdiction du travail des enfants avant l'âge de 15 ans (Auparavant 12 ans) ;
- L'interdiction d'employer les enfants de moins de 18 ans dans des travaux durs ou/et dangereux ou/et susceptibles d'entraver leur croissance ou d'aggraver leur état s'ils sont handicapés ou de porter atteinte aux bonnes mœurs[72] ;
- Les salariés âgés de 15 à 18 ans jouissent d'une protection spéciale concernant le prolongement de la période de repos et la durée du congé annuel payé, le poids qu'ils peuvent soulever ou tirer.

Malgré ses dispositions positives, le législateur marocain n'a accordé aucune attention au problème des bonnes et des salariés de l'artisanat. En effet le code du travail souligne qu'une loi spéciale déterminera ultérieurement leurs conditions du travail. Le phénomène du travail des enfants dans des conditions pénibles et inhumaines est en recrudescence continue, le dernier rapport de Human Rights Watch (HRW) publié en décembre 2005 a déclenché l'alarme en dénonçant la situation lamentable des domestiques dans la société marocaine. Le rapport intitulé « *à la maison en marge de la loi : le cas des enfants domestiques maltraités au Maroc* », affirme que des dizaines de milliers de filles travaillant comme domestiques au Maroc, sont victimes de mauvais traitements physiques et psychologiques ainsi que d'exploitation économique[73].

---

[72] - Le Maroc a ratifié le 26 janvier 2001 la Convention n°. 182 de l'OIT sur l'interdiction et l'action immédiate pour l'élimination des pires formes du travail des enfants.
[73] - Voir : Le Rapport de HRW : « *A la maison, en marge de la loi le cas des enfants domestiques maltraités au Maroc* », décembre 2005, Volume 17, No. 12(E). Consultable sur le site :
http://hrw.org/reports/2005/morocco1205/morocco1205sumandrecsfr.pdf

- **Au niveau de l'état civil :**

Pour protéger les droits des enfants abandonnés, la loi n° 37-99 relative à l'état civil renforce la protection du droit de l'enfant à avoir un nom et à ce que soit préservée son identité, et ce à travers les dispositions suivantes :

- Obligation de déclarer les naissances ou les décès dans un délai de 30 jours à compter de la date de la naissance auprès de l'officier d'état civil compétent qui établit, à cet effet, un acte de naissance ou de décès.

- Dans le cas d'un enfant né de parents inconnus ou d'un enfant abandonné à la naissance, le procureur du roi, de sa propre initiative ou à la demande de l'autorité locale ou toute personne intéressée, procède à la déclaration de naissance appuyée d'un procès verbal à cet effet et d'un certificat médical déterminant approximativement l'âge du nouveau-né. Un nom et un prénom lui sont choisis ainsi que des prénoms de parents ou un prénom de père si la mère est connue.

- S'il s'agit d'un enfant de père inconnu, il est déclaré par sa mère qui lui choisit un prénom de père comprenant l'épithète « abd », ainsi qu'un nom de famille qui lui est propre.

Le nouveau code de la famille protége le droit de l'enfant à être reconnu par son père au cas où le mariage ne serait pas formalisé pour des raisons de force majeure. Le tribunal s'appuie, à cet effet, sur les preuves légales tendant à établir la filiation. Une période de cinq ans est prévue pour régler les questions restées en suspens dans ce domaine et ce pour épargner les souffrances et les privations aux enfants dans une telle situation[74].

---

[74] - Rapport de CCDH, 2003, p.109 - 114.

C- La consolidation des garanties d'un procès équitable

Le nouveau code de la procédure pénale contient plusieurs dispositions visant à garantir et consolider les conditions du procès équitable. Parmi ces dispositions :
- **Le renforcement du principe de la présomption d'innocence, et ce à travers les règles suivantes :**
- Considérer la détention préventive et le contrôle judiciaire comme étant des mesures exceptionnelles ;
- Informer l'accusé de la nature de l'accusation portée contre lui ;
- Prévoir la possibilité de publication, totale ou partielle, dans la presse, de l'ordonnance de non-lieu prononcée par le juge d'instruction, à la demande de l'intéressé ou du ministère public ;
- Interdire de prendre en photo un détenu ou un prisonnier portant des menottes ou de publier sa photo ou son nom ou toute mention indiquant son identité sans son consentement, et de publier toute enquête, commentaire ou sondage d'opinion à son sujet ;
- Révision des conditions d'enquête, d'instruction et du jugement ;
- Amélioration des conditions de garde à vue et de détention préventive, et soumission de ces mesures à un contrôle rigoureux de l'autorité judiciaire ;
- Fixation de délais pour l'exécution de certains actes de procédure en vue d'améliorer la rapidité et l'efficacité de la justice pénale, en particulier en cas de détention préventive ;
- En vue d'améliorer l'efficacité et la rapidité de la justice pénale, institution du juge unique pour les infractions sanctionnées par la loi d'une peine inférieure ou égale à deux années d'emprisonnement ou d'une simple peine d'amende, la formation collégiale connaissant des délits plus graves.

- Dans le souci de garantir l'égalité des citoyens devant la loi, on a procédé en 2004 à la suppression de la Cour spéciale de justice[75] qui a été objet de maintes critiques[76].

D- La lutte contre la torture et le renforcement des droits de la défense

Le Maroc s'est engagé dans plusieurs réformes juridiques qui visent le renforcement des garanties du procès équitable et la lutte contre la torture. Parmi ces réformes, on peut citer :

- Le renforcement du rôle de l'avocat au cours de l'interrogatoire par le ministère public de la personne soupçonnée. En cas d'infraction flagrante, l'avocat peut présenter, au nom de son client, des documents et des preuves, et demander la mise en liberté du prévenu contre une caution pécuniaire ou personnelle. L'avocat a droit de demander un examen médical afin de s'assurer qu'il n'a pas été torturé. Le procureur du roi doit soumettre la personne interpellée à cet examen si elle le demande (art.73-74 du CCP), ou de lui-même s'il constate des traces qui le justifient.

- Le renforcement du contrôle des activités de la police judiciaire par la justice. De ce fait le procureur du roi doit visiter au moins une fois par semaine les locaux de mise en garde à vue pour vérifier la légalité et les conditions de détention. Ainsi il écoute les plaintes des détenus, détecte les cas de torture et prend les mesures nécessaires[77].

---

[75] - La Cour spéciale de justice est chargée de statuer sur certains crimes commis par les fonctionnaires. Il s'agit des crimes suivants : la concussion, la corruption, le trafic d'influence et le détournement des deniers publics.

[76] - Dahir n° 1-04-129 du 15 septembre 2004 pris pour l'application de l'article 7 de la loi n° 79-03 modifiant et complétant le code pénal et supprimant la Cour spéciale de justice. B.O, n° 5248, 16-09-2004.

[77] - Art 45 du C.P.P.

- Le juge est tenu, dans le cadre de son pouvoir d'appréciation des preuves, de préciser les preuves sur lesquelles il s'est appuyé dans la décision qu'il prononce. L'aveu est, comme les autres moyens de preuve, soumis à son appréciation discrétionnaire. Selon l'article 293 du code de procédure pénal tout aveu arraché par la violence ou la contrainte n'est pas retenu et n'a aucun effet. L'auteur des violences ou de la contrainte est passible des peines prévues par le C.P.P.

Malgré ces nouvelles procédures, les juges continuent à se baser sur les procès verbaux de la police judiciaire, même quand le prévenu affirme que ses aveux ont été faits sous la torture. C'est rare encore qu'un juge accepte d'ordonner une expertise médicale pour vérifier les accusations de torture. En dépit de ces nouvelles dispositions pour prévenir et lutter contre la torture et les autres comportements similaires, le Comité onusien contre la torture n'a cessé d'exprimer ses préoccupations sur la permanence des pratiques de torture au Maroc, surtout avec la campagne de lutte contre le terrorisme. En dépit de la ratification de la Convention contre la torture et autres peines cruelles, inhumaines ou dégradantes, le code pénal est pour longtemps resté muet sur la question de définir la torture et incriminer les responsables des actes de torture.

Afin d'harmoniser la législation pénale nationale avec les engagements internationaux, le Maroc a adopté en février 2006 la loi 43-04 relative aux abus d'autorité commis par les fonctionnaires contre les particuliers et à la torture[78]. Elle modifie l'article 231 du code pénal et intègre les articles 231-1 à 231-8. Ainsi cette loi prévoit une définition précise de la torture qui est plus au moins conforme à la définition de l'article 1 de la Convention contre la torture. L'article 231-1 stipule que « le terme

---

[78] - Loi n° 43-04 du 14 février 2006 modifiant et complétant le Code pénal, promulguée par le Dahir n° 1-06-20 du 14 février 2006.B.O n° 5400, 02/03/2006 , p.342-343.

torture désigne tout fait qui cause une douleur ou une souffrance aiguë physique ou mentale, commis intentionnellement par un fonctionnaire public ou à son instigation ou avec son consentement exprès ou tacite, infligé à une personne aux fins de l'intimider ou de faire pression sur elle ou de faire pression sur une tierce personne, pour obtenir des renseignements ou des indications ou des aveux, pour la punir pour un acte qu'elle ou une tierce personne a commis ou est soupçonnée d'avoir commis, ou lorsqu'une telle douleur ou souffrance est infligée pour tout autre motif fondé sur une forme de discrimination quelle qu'elle soit. Ce terme ne s'étend pas à la douleur ou aux souffrances résultant uniquement de sanctions légales, ou occasionnées par ces sanctions ou qui leur sont inhérentes ». En plus la torture est reconnue comme une infraction pénale susceptible de lourdes peines d'emprisonnement et d'amendes : Le prison allant de 5 à 15 ans avec des amendes de 10.000 dirhams, jusqu'à 30.000 dirhams pour tous les fonctionnaires publics qui ont exercé la torture sur une personne(art 231-2 du CP),la réclusion perpétuelle pour celui qui torture un mineur de moins de 18 ans, ou une personne malade ou âgée, infirme, une femme enceinte ou encore lorsque l'acte de torture est accompagné d'une agression sexuelle ou exercée de manière habituelle (art 231-4 du CP). Lorsque la torture est pratiquée avec préméditation ou usage d'armes la peine est la réclusion de dix à trente ans (art 231-6).

Il faut signaler que la Maroc est le premier pays en Afrique du nord à considérer dans son code pénal la torture comme un crime spécifique passible de sévères peines.

E- L'adhésion aux conventions internationales relatives aux droits de l'homme.

Le Maroc est parmi les pays africains et arabes les plus engagés dans le droit international des droits de l'homme, et ce à travers son adhésion à la plupart des traités internationaux des droits de l'homme et du droit humanitaire. D'ailleurs S.M le roi Mohamed VI a confirmé l'attachement ferme du Maroc à l'esprit universel des droits de l'homme et ce dans son message adressé à la nation à l'occasion de la célébration du 51ème anniversaire de la Déclaration universelle des droits de l'homme le 10 décembre 1999 : « *Nous voudrions renouveler notre engagement en faveur des droits de l'homme et des valeurs de liberté et d'égalité, car nous sommes fermement convaincus que le respect des droits de l'homme et des conventions internationales qui consacrent ces droits n'est pas un luxe ou une mode à laquelle on sacrifie, mais une nécessité dictée par les exigences de l'édification et du développement. Certains ont estimé que le fait de se conformer à la Déclaration universelle des droits de l'homme est de nature à entraver le développement et le progrès et pourrait heurter une spécificité culturelle réelle ou supposée. Nous considérons, pour notre part, qu'il n'y a point d'opposition entre les exigences du développement et le respect des droits de l'homme, de même qu'il n'y a pas d'antagonisme entre l'islam, qui a consacré la dignité humaine, et les droits de l'homme. C'est pourquoi nous estimons que le prochain siècle sera le siècle du respect des droits de l'homme ou ne sera pas* ».

Ainsi le Maroc a ratifié et a adhéré à plusieurs conventions, parmi lesquelles, on peut citer :

- La Convention de Genève pour l'amélioration du sort des blessés et des malades en campagne (1956) ;

- La Convention de Genève pour l'amélioration du sort des blessés et des malades et des naufragés des forces sur mer (1956) ;
- La Convention de Genève relative au traitement des prisonniers de guerre (1956) ;
- La Convention de Genève relative à la protection des personnes civiles en temps de guerre (1956) ;
- La Convention relative au statut des réfugiés (1956) ;
- Le Protocole relatif au statut des réfugiés (1956) ;
- La Convention pour la prévention et la répression du crime de génocide (1958) ;
- La Convention internationale sur l'élimination de toutes les formes de discrimination raciale (1969) ;
- La Convention sur les droits politiques de la femme (1976) ;
- Le Pacte international relatif aux droits économiques, sociaux et culturels ; (1979) ;
- Le Pacte international relatif aux droits politiques et civils (1979) ;
- La Convention contre la torture et autres peines ou traitements cruels, inhumains ou dégradants (1993) ;
- La Convention pour l'élimination de toutes les formes de discrimination à l'égard des femmes. (1993) ;
- La Convention relative aux droits de l'enfant (1993) ;
- Le Protocole facultatif à la Convention relative aux droits de l'enfant, concernant l'implication d'enfants dans les conflits armés (2002)[79] ;
- Le Protocole facultatif à la Convention relative aux droits de l'enfant, concernant la vente d'enfants, la prostitution des enfants et la pornographie mettant en scène des enfants (2001) ;
- La Convention internationale sur la protection de tous les travailleurs migrants et des membres de leurs familles (1993)[80] ;

---

[79] -Il est ratifié par le Maroc le 22 mai 2002, publié au bulletin officiel du 04 mars 2004, n° 5192.

- La Convention contre la corruption (2007).

Le Maroc a également ratifié plusieurs conventions de l'Organisation internationale du travail, dont sept parmi les conventions fondamentales, et ce en vue d'améliorer les conditions du travail et d'assurer les droits des travailleurs. A titre d'exemple on peut citer :

- La Convention n°98 concernant l'application des principes du droit d'organisation et de négociation collective (1957) ;
- La Convention n°105 concernant l'abolition du travail forcé (1966) ;
- La Convention n°100 consacrant l'égalité de rémunération entre la main d'œuvre masculine et la main d'œuvre féminine pour un travail de valeur égale (1979) ;
- La Convention n°111 concernant la discrimination en matière d'emploi et de profession (1962) ;
- La Convention n°122 concernant la politique de l'emploi (1979) ;
- La Convention n°138 concernant l'âge minimum d'admission à l'emploi (2000) ;
- la Convention n°182 concernant l'interdiction et l'action immédiate pour l'élimination des pires formes du travail des enfants (2001) ;

La plupart des traités ratifiés par le Maroc ont été publiés dans le bulletin officiel, ce qui leur donne en principe un effet juridique dans le droit marocain interne et devant les tribunaux marocains.

Cependant le Maroc n'a pas ratifié ou a seulement signé plusieurs conventions et ce, selon les autorités, pour des raisons relatives à l'impératif de sécurité et souveraineté nationale et aussi pour non-conformité avec les principes de la constitution. Les conventions signées par le Maroc sont :

---

[80] - Centre de documentation, d'information et de formation en droits de l'homme, *Instruments internationaux relatifs aux droits de l'homme ratifiés par le Maroc*, Rabat, 2000.

- Le Protocole additionnel aux conventions de Genève relatif à la protection des victimes des conflits armés internationaux : signé par le Maroc le 12/12/1977 ;

- Le Protocole additionnel aux conventions de Genève relatif à la protection des victimes des conflits armés non internationaux : signé le 12/12/1977 ;

- Le Statut de Rome de la Cour pénale internationale (CPI) : signé le 8 septembre 2000[81] ;

- La Convention internationale pour la protection de toutes les personnes contre les disparitions forcées : signée par le Maroc le 6 février 2007 ;

- La Convention internationale sur les droits des personnes handicapées : signée en mars 2007.

Parmi les conventions ni signées ni ratifiées par le Maroc :

---

[81] - le Maroc n'a pas ratifié le statut de la CPI pour son incompatibilité avec le statut du roi dans la constitution, notamment au niveau de l'article 19 : « Le Roi, commandeur des croyants. Représentant suprême de la nation, symbole de son unité, garant de la pérennité et de la continuité de l'Etat, veille au respect de l'Islam et de la constitution. Il est le protecteur des droits et libertés des citoyens, groupes sociaux et collectivités. Il garantit l'indépendance de la nation et l'intégrité territoriale du royaume dans ses frontières authentiques », l'article 23 : « la personne du roi sacrée et inviolable », l'article 30 : « le roi est le chef suprême des forces armées royales », et l'article 34 qui permet au roi d'exercer le droit de grâce. Ces articles sont respectivement non conformes aux articles 27, 28 du statut de Rome, en plus la CPI ne reconnaît pas le droit de grâce. D'ailleurs, les crimes prévus par le Statut (crime de génocide, les crimes contre l'humanité, les crimes de guerre) ne figurent pas dans le droit pénal interne marocain. Ceci implique la révision de plusieurs lois internes pour les rendre conformes aux dispositions du statut de Rome, notamment le droit pénal, le code de procédure pénale, la loi réglementant la haute Cour et les lois sur l'immunité parlementaire. Pour des données plus précises sur le sujet voir :
Le statut de la CPI et le droit marocain : obstacles et solutions à la ratification et la mise en oeuvre du statut de la CPI par le Maroc, la FIDH, Janvier 2007 - N°466, 12p. Rapport consultable sur : http://www.fidh.org/IMG/pdf/CPIMaroc466fr2007-1.pdf

- Le premier Protocole facultatif se rapportant au Pacte international relatif aux droits civils et politiques ;

- Le deuxième Protocole facultatif se rapportant au Pacte international relatif aux droits civils et politiques, visant à abolir la peine de mort[82] ;

- Le Protocole facultatif à la Convention sur l'élimination de toutes les formes de discrimination à l'égard des femmes ;

- Le Protocole facultatif à la Convention contre la torture et autres peines ou traitements cruels, inhumains ou dégradants ;

- La Convention sur l'imprescriptibilité des crimes de guerre et des crimes contre l'humanité ;

- La Convention internationale sur l'interdiction de l'emploi, du stockage, de la production et du transfert des mines antipersonnelles.

Le Maroc a aussi émis plusieurs réserves sur quelques conventions qu'il a ratifiées, ce qui les vide de leur contenu et de leur objectif. C'est le cas de la Convention contre la torture et de la Convention pour l'élimination des toutes les formes de discrimination à l'égard des femmes. Pour y remédier, un comité interministériel (ministère de l'intérieur, ministère des droits de l'homme, ministère de la justice, ministère des affaires étrangères…) a été instauré en 2002 pour étudier les possibilités de l'adhésion à certaines conventions relatives aux droits de l'homme et la levée des réserves émises à l'encontre des dispositions de plusieurs conventions ratifiées. Ainsi après trois ans de consultations, ce comité a recommandé en février 2005 la levée d'un certain nombre de réserves formulées au sujet de

---

[82] - Même si les tribunaux marocains continuent à prononcer la peine de mort pour les crimes de terrorisme et de droit commun, (plus de 130 condamnés à mort dans les prisons marocaines), depuis 1993 il n'y a eu aucune exécution. Plusieurs déclarations des responsables marocains laissent entendre que le Maroc est résolu à abolir la peine de mort dans les mois qui viennent.

conventions que le Maroc a ratifiées ou auxquelles il a adhéré, il s'agit notamment de :

▶ La reconnaissance de la compétence du Comité pour l'élimination de la discrimination raciale à recevoir et examiner les plaintes individuelles conformément à l'article 14 de la Convention internationale pour l'élimination de toutes les formes de discrimination raciale ;

▶ La reconnaissance de la compétence du Comité contre la torture à recevoir et examiner les requêtes individuelles et d'entreprendre des enquêtes après avoir reçu des informations faisant état de tortures systématiques et cela conformément à l'article 20 et 22 de la Convention contre la torture et autres peines ou traitements cruels, inhumains ou dégradants ;

▶ La levée de la réserve sur l'article 14 de la Convention sur les droits de l'enfant et sa substitution par une déclaration explicative. La réserve concerne le droit à la liberté de religion pour l'enfant ;

▶ La levée des réserves exprimées sur la Convention pour l'élimination de toutes les formes de discrimination à l'égard des femmes, notamment :

- Le paragraphe 2 de l'article 9, qui stipule que la femme dispose du même droit que celui que détient l'homme en matière de nationalité de ses enfants ;

- Alinéa h du paragraphe 1 de l'article 16 qui prévoit que la femme dispose du droit de décider, à égalité avec l'homme, du droit d'établir le planning familial ;

- Paragraphe 2 de l'article 16, relatif à l'absence de tout effet juridique quant aux fiançailles et au mariage des enfants et la prise des mesures nécessaires, notamment au niveau législatif pour fixer un âge minimum pour le mariage et sa consignation dans un registre officiel ;

▶ L'adhésion au premier Protocole facultatif se rapportant au Pacte international relatif aux droits civils et politiques;

▶ L'adhésion au Protocole facultatif à la convention sur l'élimination de toutes les formes de discrimination à l'égard des femmes.

Dans ce cadre, l'Etat marocain a toujours respecté ses engagements conventionnels en matière de présentation régulière et à l'échéance fixée, de ses rapports devant les comités onusiens. Cependant il faut poursuivre les efforts pour actualiser les législations nationales en matière des droits de l'homme, en harmonisant le droit interne avec les conventions relatives aux droits de l'homme auxquelles le Maroc a adhéré et avec les règles du droit international des droits de l'homme en général.

On ne peut que se réjouir de la reconnaissance récente par la Maroc de la compétence du Comité contre la torture, conformément aux articles 21 et 22 de la Convention contre la torture. D'ailleurs, dans son message à l'occasion de la commémoration du 60ème anniversaire de la Déclaration universelle des droits de l'homme, S.M. le roi a annoncé la levée des réserves enregistrées au sujet de la Convention internationale sur l'élimination de toutes les formes de discrimination à l'égard des femmes puisque ces réserves sont « *devenues caduques du fait des législations avancées qui ont été adoptées par notre pays* ». De même, il a annoncé la ratification de la Convention internationale sur la protection des personnes handicapées[83].

La ratification des conventions internationales est insuffisante dans la mesure où le Maroc ne reconnaît pas d'une manière explicite la primauté du droit international sur le droit interne[84], rien dans la constitution ne confirme que les conventions ont une valeur supérieure à la loi interne. Malgré la publication des traités ratifiés par le Maroc dans le bulletin officiel, ce qui leur donne un effet

---

[83] - Voir le discours royal, journal le Matin, 11décembre 2008, p.2.
[84] - Quelques textes juridiques reconnaissent la suprématie du droit international sur les lois internes, c'est le cas pour le code de la nationalité, la loi réglementant la profession de l'avocat.

juridique dans le droit marocain interne et devant les tribunaux marocains, les magistrats, hormis quelques exceptions jurisprudentielles[85], ne prennent pas en considération les dispositions de ces conventions et se contentent d'appliquer les lois nationales.

---

[85] - La Cour suprême a reconnu la primauté des normes internationales sur le droit interne dans quelques arrêts. Par exemple :
-L'arrêt 754 du 19 mai 1999 a considéré que la convention des Nations Unies, relative au transport des marchandises, et à laquelle le Maroc a adhéré le 17 juillet 1978, s'applique depuis le 1er novembre 1992 et qu'à compter de cette date, elle a force de loi à l'échelle nationale.
-L'arrêt 426 du 22 mars 2003, a appliqué les dispositions de l'article 11 du pacte international des droits civils et politiques concernant l'interdiction de la contrainte par corps pour une obligation contractuelle.

Chapitre IV
La lutte antiterroriste et le recul des droits de l'homme au Maroc

Depuis les attentats terroristes du 11 septembre à New York, et dans le cadre de la campagne de la lutte contre le terrorisme, on a assisté dans plusieurs pays à une montée spectaculaire du souci sécuritaire au détriment du respect des droits de l'homme.

Plusieurs ONG ont exprimé leur indignation devant l'escalade des violations des droits de l'homme, l'organisation des Nations Unies a aussi affirmé ses préoccupations. Pour cette raison, la Commission des droits de l'homme a nommé un rapporteur spécial sur « *la promotion et la protection des droits de l'homme et des libertés fondamentales dans la lutte antiterroriste* »[86], en même temps le secrétaire général de l' O.N.U a publié un rapport où il défend que « *même si les Etats ont le devoir de lutter contre le terrorisme, ils doivent le faire dans le respect des droits de l'homme...ce qui n'est pas toujours le cas à l'heure actuelle* »[87].

Pour sa part, le Maroc a connu, après les attentats terroristes de Casablanca le 16 mai 2003, un durcissement autoritaire qui a touché les législations et la situation des droits de l'homme en général. Sous prétexte de la lutte contre le terrorisme, il y a eu des violations des droits de plusieurs citoyens marocains, ce qui a entraîné des

---

[86] - Martin Scheinin a été nommé rapporteur spécial le 28 juillet 2005.
[87] - Rapport « *défendre les droits de l'homme et les libertés fondamentales tout en luttant contre le terrorisme* »,.Nations Unies, Assemblée générale, Soixante et unième session, A/61/353, 11 septembre 2006.Consultable sur le site :
http://daccessdds.un.org/doc/UNDOC/GEN/N06/526/79/PDF/N06526 79.pdf?OpenElement

régressions en matière des acquis des droits de l'homme au Maroc.

A- Les droits de l'homme à l'épreuve de la loi antiterroriste [88]

Les attentats terroristes meurtriers[89] de 16 mai à Casablanca ont accéléré l'adoption par le parlement d'une loi antiterroriste, entrée en vigueur le 29 mai 2003. La loi n° 03-03 relative à la lutte contre le terrorisme a fortement élargi les pouvoirs des appareils sécuritaires, ce qui a suscité de vives critiques de la part des organisations de défense des droits de l'homme au niveau national et international. Elle a été adoptée rapidement et à la quasi unanimité par les deux chambres du parlement et sans aucune concertation préalable avec les ONG des droits de l'homme.

La loi a fait l'objet de plusieurs critiques, les défenseurs des droits de l'homme lui reprochent le manque de garanties du respect des droits humains et l'omniprésence du souci sécuritaire. Parmi les critiques les plus significatives soulevées par cette loi, on peut signaler :

- La loi a été adoptée à la suite des événements du 11 septembre aux Etats-Unis d'Amérique, elle a été accélérée par les événements terroristes de Casablanca en 2003. Elle est caractérisée par la forte présence sécuritaire et selon les associations de défense des droits de l'homme, les législations existantes sont suffisantes pour réprimer les actes terroristes[90].

---

[88] - Les dispositions de la loi n° 03-03 dite loi antiterrorisme, complètent le code pénal et le code de procédure pénale.
[89] - Quarante-cinq personnes, dont les kamikazes, ont trouvé la mort à la suite de plusieurs attentats à l'explosif perpétrés à Casablanca le 16 mai.
[90] - Rapport du CCDH 2003, p. 39.

- Au terme de la loi antiterroriste (loi 03-03), le terrorisme est défini d'une manière floue : l'article 218-1 (al 1) du code pénal considère comme actes terroristes diverses infractions lorsqu'elles sont commises « *intentionnellement en relation avec une entreprise individuelle ou collective, ayant pour but l'atteinte grave à l'ordre public par l'intimidation, la terreur ou la violence* »[91]. La loi vient élargir le champ des actes considérés comme crimes terroristes, même la « *promulgation et la dissémination de propagande ou de publicité* » pour appuyer des actes délibérés dont « *l'objectif principal consiste à perturber l'ordre public par l'intimidation, la force, la violence, la peur ou la terreur* », peuvent être considérées comme acte terroriste. Ainsi l'article 218-5 dispose que quiconque, par quelque moyen que ce soit, incite ou provoque autrui à commettre l'une

---

[91] - L'article 218-1 stipule que : « Constituent des actes de terrorisme, lorsqu'elles sont intentionnellement en relation avec une entreprise individuelle ou collective ayant pour but l'atteinte grave à l'ordre public par l'intimidation, la terreur ou la violence, les infractions suivantes :
(1) l'atteinte volontaire à la vie des personnes ou à leur intégrité, ou à leurs libertés, l'enlèvement ou la séquestration des personnes , (2) la contrefaçon ou la falsification des monnaies ou effets de crédit public, des sceaux de l'Etat et des poinçons, timbres et marques, ou le faux ou la falsification visés dans les articles 360, 361 et 362 du présent code, (3) les destructions, dégradations ou détérioration ,(4) le détournement, la dégradation d'aéronefs ou des navires ou de tout autre moyen de transport, la dégradation des installations de navigation aérienne, maritime et terrestre et la destruction, la dégradation ou la détérioration des moyens de communication , (5) le vol et l'extorsion des biens , (6) la fabrication, la détention, le transport, la mise en circulation ou l'utilisation illégale d'armes, d'explosifs ou de munitions ,(7)les infractions relatives aux systèmes de traitement automatisé des données,(8) le faux ou la falsification en matière de chèque ou de tout autre moyen de paiement visés respectivement par les articles 316 et 331 du code de commerce,(9) la participation à une association formée ou à une entente établie en vue de la préparation ou de la commission d'un des actes de terrorisme ,(10) le recel sciemment du produit d'une infraction du terrorisme ».

des infractions qualifiées d'actes terroristes est passible des peines prescrites pour cette infraction. De même, l'apologie d'actes terroristes par tous moyens, écrits ou verbaux, est punissable d'un emprisonnement de 2 à 6 ans et d'une amende de 10.000 à 200.000 dirhams[92].

On peut conclure que la loi contre le terrorisme contient plusieurs dispositions vagues susceptibles d'être interprétées de façon excessive, c'est ce qui peut autoriser tous les abus[93].

- La loi attribue les compétences de poursuite, d'instruction et du jugement des crimes terroristes à la cour d'appel de Rabat qui devient ainsi un tribunal compétent dans le traitement des affaires spéciales, consacrant le système de la justice d'exception, ce qui est contre les règles des droits de l'homme et le droit à un procès équitable.

- Certaines dispositions de cette loi constituent une violation manifeste du principe de la présomption d'innocence, de légalité et du procès équitable.

Plusieurs défenseurs des droits de l'homme ont dénoncé la loi antiterroriste ; à leurs yeux, elle marque une restriction des libertés et une régression grave par rapport à certains acquis. Ceci se manifeste surtout au niveau de :

- La prolongation de la garde à vue qui peut atteindre douze jours ! En vertu de la loi antiterroriste il y a eu prolongation pour les crimes terroristes de la durée de la garde à vue à 96 heures renouvelable deux fois pour une

---

[92] - Article 218-2 de code pénal stipule que : « Est puni d'un emprisonnement de 2 à 6 ans et d'une amende de 10.000 à 200.000 dirhams, quiconque fait l'apologie d'actes constituant des infractions du terrorisme, par les discours, cris ou menaces proférés dans les lieux ou les réunions publics ou par des écrits, des imprimés vendus, distribués ou mis en vente ou exposés dans les lieux ou réunions publics soit par des affiches exposées au regard du public par les différents moyens d'information audio-visuels et électroniques ».
[93] - Ali Elsarafi, « *tour de vis sécuritaire au Maroc* », Le Monde Diplomatique, juillet 2003, p.20.

durée de 96 chaque fois sur autorisation écrite du ministère public[94].

- La possibilité d'effectuer des perquisitions à domicile à toute heure du jour et de la nuit en dehors des heures légales. Les officiers de police judiciaire sont habilités à effectuer à titre exceptionnel des perquisitions et visites domiciliaires avant 6h et après 21h avec autorisation écrite du ministère public quand il s'agit d'un crime terroriste[95].

- Le procureur général du roi auprès de la cour d'appel peut exceptionnellement, en cas d'extrême urgence et si la nécessité d'enquête l'impose, ordonner sans l'accord en principe requis du premier président de la cour d'appel, l'interception et l'enregistrement, la copie et la saisie des appels téléphoniques et des communications à distance[96] (art 108 du CPP). Cela, constitue une atteinte aux droits fondamentaux de la personne (droit à la vie privée). Le plus grave est que la loi autorise ces moyens de preuve sans les limiter à des infractions déterminées, ce qui peut engendrer des abus. En effet, quelque soient les raisons, seuls les juges doivent être habilités et à titre exceptionnel à autoriser ces écoutes.

- Le procureur général du roi peut demander aux banques ou aux établissements de crédits des renseignements sur des transactions ou des mouvements du fonds susceptibles d'avoir une relation avec le financement du terrorisme. Cette prérogative est octroyée aussi aux juges d'instruction et au tribunal[97].

---

[94] - La durée normale de la garde à vue est 48 heures et peut être prolongée de 24 heures (art 66 du CPP modifiée par la loi n° 03/03 relative à la lutte contre le terrorisme).
[95] - Art 62 du CPP.
[96] - Le législateur a limité le recours à cette procédure afin de préserver l'intimité des personnes, et a prévu des sanctions en cas de violation de ces règles (articles 108 à 116 du CPP).
[97] - Il est imposé aux établissements bancaires de présenter les renseignements sollicités dans un délai de 30 jours au maximum à compter de la date de réception de la demande (art 595-4 du CPP).

- La loi fixe des peines principales lourdes allant jusqu'à la peine capitale[98]. La plupart sont des peines privatives de liberté, celui qui encourait vingt ans de prison en risque désormais trente, celui qui encourait un emprisonnement à vie risque d'être sanctionné par la peine de mort.

- La loi a favorisé l'accroissement des compétences du ministère public, il peut à la demande de l'officier de la police judiciaire retarder la communication du suspect mis en garde avec son avocat, si les nécessités de l'enquête l'exigent, sans que ce retard ne dépasse 48 heures à compter de la première prolongation de la garde a vue, ce qui signifie concrètement une absence de toute communication avec l'avocat pendant 6 jours[99]. Cela constitue une atteinte grave aux droits de la défense. Il peut aussi, en vertu de l'article 182, 40 et 49 du CPP, retirer le passeport et fermer les frontières aux suspects pour une période d'un mois en cas de crime ou de délit puni d'une peine d'emprisonnement de deux ans ou plus. Cette procédure est contraire à la présomption d'innocence, au moins elle devait être effectuée sous autorisation judiciaire, ce qui n'est pas le cas.

- Les délais de garde à vue et de détention préventive demeurent longs par rapport aux normes internationales, et aucune sanction n'a été prévue, sachant que les procès verbaux peuvent contenir des informations fausses sur l'heure et le jour de la détention. D'ailleurs la loi n'a prévu aucune indemnisation aux personnes mises en détention préventive et acquittées par le juge[100].

- La force probante des procès-verbaux et rapports établis par les officiers de la police judiciaire pour constater les délits n'est pas compatible avec la

---

[98] - Alors que la peine capitale était prévue par le CP pour 17 crimes, la nouvelle loi antiterroriste y ajoutait 12 nouvelles infractions.
[99] - Art 66 et 80 du CPP.
[100] - Voir : Rapport CCDH, 2003, p. 60-61.

présomption d'innocence et limite l'autorité du juge dans le contrôle et l'appréciation des moyens de preuve. Pour garantir les conditions d'un procès équitable, il est nécessaire de considérer ces procès comme simples renseignements qui n'ont aucune force juridique[101].

En général, la lutte antiterroriste menée par le Maroc a menacé véritablement les acquis juridiques relatifs au respect des droits de l'homme : on constate un retour de l'autoritarisme qui entraîne une restriction des libertés et une recrudescence des soucis sécuritaires[102]. D'ailleurs S.M. le roi Mohamed VI, dans une interview au journal espagnol El Pais, a affirmé : « *il n'y a pas de doute qu'il y a eu des abus. Nous en avons relevé une vingtaine, ces cas ont été signalés également par des ONG et par le CCDH. Aujourd'hui ils sont devant les tribunaux* »[103].

Ces dernières années, plusieurs détenus islamistes reconnus coupables d'actes de terrorisme ont mené des grèves de la faim pour réclamer leur libération ou un réexamen de leur procès. Ils avaient été condamnés à la suite de procès qui ne respectaient pas les normes internationales en matière de droit à un procès équitable.

La réforme des politiques pénales et la révision de la législation pénale et de la loi contre le terrorisme sont une grande priorité, et ce en vue de mieux respecter les droits de l'homme et renforcer la sécurité des personnes et de l'Etat en conformité avec les instruments internationaux en matière de droits de l'homme.

---

[101] -Le fait d'exercer des contraintes sur les suspects pour qu'ils signent les procès-verbaux sans lecture préalable, était une pratique courante au Maroc dans les années passées.
[102] -Voir : Driss Elyazami, « *Maroc : éviter la tentation sécuritaire* », Lettre de la FIDH, n°64, avril/mai 2003, pp.2-3.
[103] - El Pais, 16 janvier 2005.

B- La pratique de la torture

Malgré les évolutions positives que connaît le Maroc au niveau du respect et de la promotion des droits de l'homme, la lutte contre le terrorisme a vu le retour spectaculaire de pratiques qu'on a cru pour un moment comme faisant partie du passé. Certes il est tout à fait légitime de combattre le terrorisme, mais cela ne justifie pas l'exercice des actes qui portent atteinte aux droits de l'homme, tels les enlèvements, la détention secrète, les pratiques de torture et des mauvais traitements subis par les personnes soupçonnées. Les défenseurs des droits de l'homme au Maroc n'ont cessé d'exprimer leurs soucis pour non respect par les autorités des délais de garde à vue, l'exercice des contraintes sur les suspects pour qu'ils signent les procès-verbaux sans lecture préalable, non information des parents des détenus du lieu de leur détention[104].

Un rapport d'AI a affirmé en 2004 que : « *l'augmentation brutale depuis 2002 des cas de torture et de mauvais traitements dans le cadre des mesures antiterroristes au Maroc ...est bien établie* »[105]. De même, le rapport de la Fédération internationale des droits de l'homme (FIDH), consacré au Maroc en février 2004, dénonce la pratique des tortures et traitements cruels, inhumains et dégradants infligés dans les centres d'interrogatoires et de détention[106].

---

[104] - Voir les rapports annuels de l'AMDH : www.amdh.org.ma et de l'OMDH : www.omdh.org
Voir aussi le rapport du CCDH, 2003, op.cit, p.43.
[105] . Rapport d'Amnesty international, « *Lutte contre le terrorisme et recours à la torture : le cas du centre de détention de Témara* », 24 juin 2004, index :AI : MDE29/004/2004, p.2. Consultable sur :
http://amnesty.org/fr/library/asset/MDE29/004/2004/fr/dom-MDE290042004fr.pdf
[106] - Mission internationale d'enquête, Rapport de la FIDH, « les autorités marocains à l'épreuve du terrorisme : la tentation de

HRW a aussi exprimé ses préoccupations dans son rapport en 2004 réservé au Maroc et intitulé « les *droits de l'homme à la croisée des chemins* » : *« Au nom du contre - terrorisme, la protection des droits civils et des libertés fondamentales connaît un recul partout dans le monde et le Maroc n'y fait pas exception. D'importants progrès opérés pendant les quinze années écoulées sont à présent menacés par l'attitude des autorités qui multiplient les règles et jettent en prison des milliers de marocains accusés de liens avec le terrorisme »*[107].

A l'occasion de l'examen du troisième rapport périodique du Maroc au titre de la Convention contre la torture, ratifiée par le Maroc en 1993, le Comité des Nations Unies contre la torture a exprimé, dans ses recommandations et observations finales rendues publiques le 20 novembre 2003, son inquiétude devant :

- La recrudescence de la pratique de la torture et des mauvais traitements et l'absence d'information sur les mesures prises par les autorités pour donner suite aux plaintes pour torture et traduire en justice les responsables de telles pratiques ;

- L'extension considérable du délai de garde à vue, période pendant laquelle le risque de torture est le plus grand, tant dans le droit pénal général que dans la loi antiterroriste ;

- L'absence, pendant la période de garde à vue, de garanties assurant un accès rapide et approprié à un avocat et à un médecin, ainsi qu'à un membre de la famille des personnes gardées à vue ;

- Le manque d'information sur les mesures prises par les autorités judiciaires, administratives et autres pour

---

l'arbitraire, violations flagrantes des droits de l'homme dans la lutte anti-terroriste », février 2004. Consultable sur :
http://www.fidh.org/IMG/pdf/ma379f-3.pdf
[107] - Voir : Rapport de HRW, « *Maroc: Les droits humains a la croisée des chemins* », Octobre 2004, Vol. 16, No. 6(E). Consultable sur : http://hrw.org/french/reports/2004/morocco1004/morocco1004fr.pdf

donner suite aux plaintes et procéder à des enquêtes, inculpations, procès et jugements contre des auteurs d'actes de torture, notamment dans le cas des actes de torture vérifiés par l'IIA pour l'indemnisation des préjudices matériels et moraux subis par les victimes de disparition et de détention arbitraire et leurs ayants droit.

Le Comité a signalé notamment « l'accroissement du nombre d'allégations de torture et de peines ou traitements cruels, inhumains ou dégradants, impliquant la direction de la surveillance du territoire (DST) »[108].

Plusieurs rapports des différentes ONG internationales des droits de l'homme (FIDH, HRW, AI…), ont montré la responsabilité de la DST[109] dans la régression des droits de l'homme au Maroc. Par exemple, selon AI, le centre de détention de Temara géré par la DST, « *est l'un des principaux endroits dans lesquels le recours à la torture est signalé. Plusieurs dizaines de personnes arrêtées en application de mesures antiterroristes se sont plaint d'avoir été torturées et maltraitées à Temara. La détention dans ce centre est secrète et non reconnue, ce qui constitue une violation de la législation marocaine et des normes internationales relatives aux droits humains* »[110].

---

[108] - Voir : les Conclusions et les recommandations du Comité contre la torture, Maroc, trente unième session, 10-21 novembre 2003, CAT/C/CR/31/2, 5 février 2004. Consultable sur le site :
http://www.universalhumanrightsindex.org/documents/828/471/document/fr/doc/text.doc

[109] - La DGST : La direction générale de la surveillance du territoire, plus connue par son ancien nom la DST, la direction de la surveillance du territoire, est un service marocain de renseignements intérieur, il a pour mission de « veiller à la protection et à la sauvegarde de la sûreté de l'Etat et de ses institutions », elle est réglementée par le dahir n° 1-73-652 du 2 janvier 1974 abrogeant et remplaçant le dahir n° 1-73-10 du 12 janvier 1973 portant création d'une direction générale de la surveillance du territoire.

[110] - Rapport d'Amnesty international « *Lutte contre le terrorisme et recours à la torture : le cas du centre de détention de Témara* », op.cit, p.2.

Les associations internationales des droits de l'homme ont signalé, dans leurs rapports relatifs au Maroc après les attentats terroristes de 16 mai 2003, qu'il y a des défaillances qui menacent le processus positif des droits de l'homme, à savoir :

- La résurgence de la pratique de la torture et de l'enlèvement de personnes par des services de renseignements, personnes qui sont séquestrées dans des lieux secrets pendant une période indéterminée, avant leur libération ou leur transfert dans les locaux de la police judiciaire;

- Le retour des détentions arbitraires, enlèvements massifs et disparitions, ainsi plusieurs enlèvements n'ont été rendus publics qu'à l'occasion de la présentation des suspects devant la justice ou à la suite de leur libération plusieurs semaines après leur arrestation;

- L'extension de la durée de la garde à vue à 96 heures renouvelables deux fois, et le droit du ministère public, sur demande de l'officier de la police judiciaire, pendant la garde à vue, de refuser la communication du suspect avec son avocat jusqu'à 48 heures à compter de la première prolongation de la garde à vue (la durée peut atteindre six jours), sont des procédures qui augmentent considérablement les risques de torture. En effet, c'est au cours de la garde à vue que la torture et les traitements dégradants et inhumains sont le plus souvent infligés ;

- L'absence de garanties suffisantes du procès équitable dans le nouveau code de procédure pénale, ce qui explique les graves déficits survenus pendant les procès relatifs à la lutte contre le terrorisme ;

- Des actes de torture, des pratiques de mauvais traitements ont été exercés sur les suspects au cours de la phase de l'enquête et ce, de manière courante, en particulier dans les locaux de la DST de Temara. Mais on n'a pas mené des enquêtes impartiales sur les allégations de torture.

Il est vrai que l'Etat a le devoir de réprimer et lutter contre les actes du terrorisme en vue de préserver les principes de l'Etat de droit et protéger le droit des citoyens à la vie, à la sécurité et à la liberté. Toutefois, il faut éviter de permettre, au nom de la lutte contre le terrorisme, de transgresser arbitrairement les droits fondamentaux des personnes. En effet, il s'est avéré que l'ensemble des dispositions adoptées après les attentats terroristes de Casablanca, constitue : « *un arsenal répressif redoutable entre les mains des autorités, et ne pouvant qu'engendrer d'inévitables dérives au niveau aussi bien d'une police déjà insuffisamment contrôlée dont les pouvoirs sont renforcés, que d'une magistrature, dont l'indépendance proclamée, loin d'être une réalité, demeure un objectif à atteindre* »[111].

Pour remédier à cette situation déplorable, les autorités doivent procéder à des réformes juridiques et adopter plusieurs mesures, parmi elles :

- Incriminer tous les actes de torture, même en cas de circonstances exceptionnelles, conformément aux articles 2 et 4 de la Convention contre la torture ;

- Restreindre le délai de la garde à vue et garantir le droit des personnes détenues d'avoir rapidement accès à un avocat, un médecin et un membre de leurs familles ;

- Veiller à ce que les autorités judiciaires concernées appliquent la législation marocaine relative à l'obligation de soumettre les inculpés à un examen médical lorsque la demande leur est faite ou lorsqu'elles constatent des indices qui justifient cette procédure ;

- Installer des mécanismes de contrôle efficace des arrestations, interrogatoires, et de la détention, pour garantir une plus grande protection des droits des personnes arrêtées ou détenues ;

---

[111] -Rapport de la FIDH, « *Les autorités marocaines à l'épreuve du terrorisme...* », op.cit, p.9.

- Mener des enquêtes impartiales, infliger des sanctions aux responsables de la torture et accorder des indemnités aux victimes des actes de torture ;
- Prendre les mesure nécessaires pour mettre fin à l'impunité des agents de l'Etat responsables de la torture ;
- Garantir l'indépendance et l'impartialité de la magistrature pour assurer le droit des citoyens à un procès équitable et le respect des droits fondamentaux.
- Retirer les réserves émises sur la convention contre la torture.

Malgré ces déficits, il faut saluer le fait que le Maroc vient de faire une déclaration reconnaissant la compétence du Comité onusien contre la torture pour recevoir les plaintes individuelles et étatiques, et ce en vertu de l'article 21 et 22 de la Convention contre la torture. En plus, la loi 43-04 relative aux abus d'autorité commis par les fonctionnaires contre les particuliers et à la torture, prévoit des peines rigoureuses pour les actes de torture.

C- La restriction de la liberté de la presse et de l'information

Depuis l'indépendance et jusqu'aux années 1990, le Maroc a connu un contrôle et un monopole absolu de l'Etat sur la communication audiovisuelle, la presse a trop souffert des restrictions, censures et pressions durant les années de plomb.

Au milieu des années 1990, avec le début de démocratisation de l'Etat, commence une grande évolution, au niveau du respect des libertés publiques, surtout après l'abrogation du dahir de 29 juin 1935 connu sous le nom de dahir « quiconque »[112]. Ce dahir dont la définition des infractions passibles de punition était imprécise et large, a

---

[112] - Le dahir du 29 juin 1935 relatif à la répression des manifestations contraires à l'ordre et des atteintes au respect dû à l'autorité.

été utilisé constamment par les autorités judiciaires pour réprimer les libertés publiques[113].

Aujourd'hui la presse marocaine jouit d'une grande liberté et pluralité par rapport au passé, et par rapport aux autres pays du monde arabe. La politique des « lignes rouges » tend à s'affaiblir progressivement. Les journaux, surtout ceux indépendants[114], ont l'audace de briser le silence sur plusieurs tabous et dossiers délicats à travers leurs enquêtes sur la corruption des grandes personnalités politiques et militaires, les scandales financiers, les violations graves des droits de l'homme. Ceci a ouvert une nouvelle ère au niveau du respect et de la promotion du droit à l'information et à la liberté de la presse.

Cependant, à la suite des attentats de Casablanca, il y a eu un durcissement autoritaire de la part de l'Etat : restriction de la liberté de la presse, arrestation de plusieurs journalistes qui ont été condamnés à des peines allant jusqu'à trois ans d'emprisonnement, notamment pour diffusion de fausses nouvelles et incitation à la violence, car ils avaient publié les déclarations des islamistes présumés être impliqués dans ces attentats. Puis on a signalé entre 2003-2005 de nombreuses poursuites judiciaires contre la presse pour diffamation, atteintes aux institutions nationales…. Le ministre de la justice, feu Mohamed Bouzoubaa, répondant à une question parlementaire, a signalé qu'il existe au sein de son

---

[113] - Ce dahir prévoit une peine pouvant aller jusqu'à, deux ans d'emprisonnement pour quiconque est reconnu coupable « en quelque lieu et par quelque moyen que ce soit, d'avoir provoqué à résistance active ou passive contre l'application des lois, décrets, règlements ou ordres de l'autorité publique, quiconque aura incité à des désordres ou à des manifestations ou les aura provoqués ; quiconque aura exercé une action tendant à troubler l'ordre, la tranquillité ou la sécurité ».

[114] - Au Maroc, on parle des journaux indépendants par opposition aux journaux des partis politiques. Depuis les années 1990, après une longue dominance des journaux partisans, les journaux indépendants ont envahi la scène journalistique avec des chiffres de ventes très élevés.

ministère une cellule chargée du suivi des écrits diffusés par des journaux marocains dans le dessein de semer le désespoir et le découragement et d'attenter aux institutions nationales et aux constantes islamiques du pays. Il ajoute que « *les parquets assument leurs responsabilités en engageant des poursuites judiciaires contre quiconque s'impliquerait dans de tels actes* »[115].

La censure de la presse critique et indépendante s'est accentuée[116], les interdictions administratives ont cédé la place à deux nouveaux types de répression de la liberté de la presse : la répression judiciaire et la répression économique (amendes, boycott publicitaire)[117]. Ainsi, les journalistes marocains sont aujourd'hui confrontés à des poursuites judiciaires multiples qui ont des conséquences très graves sur la liberté d'expression.

Dans ce contexte, le journaliste Ali Lmrabet a été condamné une première fois à l'emprisonnement pour trois ans et à une amende de 20000 dirhams avec interdiction de l'hebdomadaire satirique « Demain », puis de nouveau condamné par la cour d'appel de Rabat, le 23 juin 2005 dans une autre affaire, à l'interdiction d'exercer sa profession pour dix ans et à une amende de 500000 dirhams[118].

Peu après, Aboubakr Jamai, directeur de publication du Journal Hebdomadaire et le journaliste Fahd Iraqi ont été condamnés à payer une amende de trois millions de

---

[115] - Cité in, Younes ALAMI, « Presse-pouvoir : les nouvelles règles », Le journal Hebdomadaire, du 31 décembre au 6 janvier 2006, p.52.
[116] - Plusieurs journaux hebdomadaires ont fait objet des poursuites judiciaires ces dernières années : Demain, Demain magazine, le Journal, Assahifa aljadida, Almichal,Alousboua asahafi, revue Telquel...
[117] - Aboubakr Jamai, « *ils ont osé* », Spécial : presse et pouvoir ce que révèle le cas Lmbrabet, Le journal Hebdomadaire, du 16 au 22 avril 2005, p.3.
[118] - Voir : dossier spécial, restriction de la liberté de la presse, Assahifa almaghribia, n°23, du 24 février au 2 mars 2006, pp.13-23.

dirhams pour "diffamation"[119]. En février 2007, la cour d'appel de Casablanca a condamné l'hebdomadaire Tel Quel à verser 500 000 dirhams de dommages et intérêts à la directrice d'une association qui l'avait poursuivi en diffamation.

De même, le journal arabe " Almassae ", qui a le plus fort tirage au Maroc, a fait l'objet au début février 2008 de quatre plaintes de diffamation déposées par quatre vice procureurs du roi qui l'accusent d'avoir publié des informations offensantes à leur égard. Le tribunal de première instance de Rabat a décidé de condamner, le 25 mars 2008, le directeur de publication de ce journal à 6 millions de dirhams de dommages et intérêts et 120000dirhams d'amende. Le 30 octobre 2008, la cour d'appel de Rabat a confirmé le jugement de la première instance[120].

Dans ce contexte, l'organisation « Reporters sans frontières » n'a pas cessé de déplorer la dégradation de la liberté de la presse au Maroc. Dans son rapport annuel 2004, elle a souligné que : « *la tendance sécuritaire, accélérée depuis le 11 septembre2001, s'est renforcée après les attentats du 16 mai 2003, imposant des restrictions sur les droits individuels et la liberté d'expression. Sous couvert d'arguments antiterroristes, les inculpations des journalistes se sont multipliées* »[121]. Il faut rappeler que le Maroc a occupé la 122e place sur 173 dans

---

[119] - Poursuivi en diffamation par Claude Moniquet, directeur du Centre européen de recherche, d'analyse et de conseil en matière stratégique,Aboubakr Jamaï, a été condamné par la justice à une amende de 3 millions de dirhams . Pénalement responsable de cette amende en tant que directeur de la publication, il a été contraint de démissionner en janvier 2007 pour sauver la publication menacée par cette lourde amende.

[120] - Reporters sans Frontières s'est déclarée "consternée et scandalisée par le montant exorbitant de l'amende record infligée à Rachid Ninni, directeur du journal Almassae ".

[121] - Voir rapport annuel de Reporters sans frontières en 2004 sur le site web : www.rsf.org

le classement mondial de la liberté de la presse, publié par Reporters sans frontières en 2008.

Le code de la presse adopté en mai 2002[122] contient quelques dispositions positives. Parmi elles :

- La consécration du droit du citoyen à l'information, du droit d'accès aux sources d'information;

- Le pouvoir d'interdire (ou de suspendre) les journaux n'est plus une prérogative administrative, mais judiciaire ;

- Les décisions de saisie, de suspension et d'interdiction d'un journal ou d'une publication doivent être motivées. Cela ouvre à l'intéressé le droit à un recours devant le tribunal administratif qui doit statuer dans un délai de 24 heures à partir du dépôt du recours. En cas d'annulation, l'intéressé peut demander en justice réparation du préjudice subi ;

- Le journaliste poursuivi en justice dispose d'un délai de 15 jours pour préparer sa défense ;

- La pénalisation de l'incitation à la haine et à la violence.

Cependant, le nouveau code de la presse et de l'édition restreint les garanties juridiques de la liberté d'expression et de la presse. Il maintient des peines privatives de liberté pour plusieurs délits et remplace quelques peines de prison par de lourdes amendes. Il impose de nombreuses restrictions aux journalistes sans bien définir les faits constitutifs des délits : atteinte à la religion, au régime monarchique, à l'intégrité territoriale, à l'ordre public. Ce sont des expressions vagues et élastiques qui ouvrent la porte à l'arbitraire et à des poursuites judiciaires inéquitables. En effet, en vertu de l'article 77 du code de la presse le ministre de l'intérieur peut ordonner, par arrêté motivé, la saisie administrative de tout numéro d'un journal ou écrit périodique (imprimé soit au Maroc soit à l'étranger), dont la publication porte atteinte à l'ordre

---

[122] - La loi n° 77.00 promulguée par dahir n° 1-02-207 du 03 octobre 2002, bulletin officiel n°5075.

public, à la religion islamique, au régime monarchique ou à l'intégrité territoriale ainsi qu'au respect dû à sa majesté le roi et la famille royale. Les faits constitutifs du délit d'atteinte à la religion islamique, à l'institution monarchique et à l'intégrité territoriale, ne sont pas précisés, ce qui réduit les garanties juridiques de la liberté de la presse et rend possible toute une série d'abus de pouvoir.

Devant la montée des poursuites contre la presse indépendante arabophone et francophone en 2005 et 2006, HRW a publié en mai 2006 un rapport où il juge que « *les poursuites engagées contre des hebdomadaires indépendants pour des motifs politiques restreignent la liberté de presse dans ce pays* ».

Le code de la presse constitue, selon cette ONG américaine, un obstacle à l'évolution de la liberté d'expression au Maroc : « *le code de la presse de 1958, amendé en 2002 contient de nombreuses dispositions incompatibles avec le plein exercice de la liberté d'expression, notamment plusieurs qui prévoient des peines de prison pour les propos offensants. L'application fréquente de ces dispositions à l'encontre des journalistes est en contradiction avec l'image que les autorités marocaines cherchent à donner d'un engagement envers les droits de l'homme, en particulier la liberté d'expression* »[123].

Dans une enquête réalisée par Said Mohamed, spécialiste en communication, en collaboration avec le Syndicat national de la presse marocaine et la fondation allemande Friedrich Ebert, les journalistes marocains ont exprimé leur mécontentement du code de la presse : huit journalistes sur dix ne se sentent pas libres d'écrire sur tous les sujets et plus de la moitié se disent insatisfaits du code de la presse[124].

---

[123] - Voir : www.hrw.org
[124] - Cité in, Younes Alami, op.cit, p.53.

Cela exige du pouvoir un changement radical de son attitude à l'égard de la liberté de la presse, en modifiant le code de la presse dans la perspective d'une suppression totale des peines d'emprisonnement contre les journalistes et en mettant fin à la politique des « lignes rouges à ne pas dépasser », pour plus de liberté mais aussi plus de responsabilité des journalistes, et cela afin que la presse soit au service de son objectif noble : informer les citoyens d'une manière objective, honnête et responsable sur la vie publique[125].

---

[125] - Depuis 2005 la société civile s'est mobilisée pour revendiquer l'instauration d'une loi garantissant au citoyen marocain le droit d'accès aux informations.

Chapitre V
L'expérience équité et réconciliation : un parcours inachevé

L'installation, en début 2004, de l' Instance équité et réconciliation chargée d'enquêter sur les violations graves à caractère massif et systématique des droits de l'homme commises durant la période 1956-1999, constitue sans doute un fait historique d'une grande importance. Le Maroc est le premier pays dans le monde arabo-musulman à avoir le courage d'affronter et de tenter de se réconcilier avec ses années noires[126] caractérisées par la recrudescence de la répression contre les opposants politiques et les violations systématiques et massives des droits de l'homme.

La réconciliation est le résultat de l'effervescence démocratique[127] et du processus d'ouverture politique initié dés le début des années 1990, ce qui a abouti à l'adoption de plusieurs réformes institutionnelles et juridiques qui ont renforcé les garanties de protection des droits de l'homme et la formation d'un gouvernement de transition démocratique en 1998.

Le 16 août, et sur recommandation du CCDH, prend naissance l'Instance indépendante d'arbitrage, chargée de déterminer les indemnisations pour les préjudices matériels et moraux des victimes et de leurs ayants droit dans le dossier des disparus et des personnes qui ont fait objet de détention arbitraire. En vertu des articles 13 et 14 du statut régissant le travail de cette instance, un délai de trois mois

---

[126] - Hanny Megally, responsable de l'Afrique du nord et du Moyen Orient au Centre international de justice transitionnelle, considère que « le processus marocain, s'il est positif, aura un impact très important sur l'ensemble de la région ». Voir, l'Intelligent, N°2293, du 19 au 25 décembre 2004, p.88.

[127] - Benjamin Stora, op.cit., p.88.

a été fixé pour le dépôt des demandes et une procédure gratuite a été établie avec la présence d'un avocat choisi par la victime.

L'Instance a reçu dans les délais fixes (03 Janvier 2000) 5127 demandes d'indemnisations, ainsi que prés de 6000 demandes après expiration du délai. Les demandes d'indemnisation concernent divers événements de tensions sociales et politiques qui ont vu des violations des droits de l'homme, et ce depuis l'indépendance jusqu'à 1999.

L'IIA a terminé son travail et a présenté le rapport définitif de son travail le 20 novembre 2003, en attribuant des indemnisations à plus de sept mille victimes ou ayants droit, avec une somme totale de 960 millions de dirhams[128].

Le dynamisme des associations de défense des droits de l'homme, notamment le FVJ, l'AMDH, l'OMDH, va donner un coup d'accélération pour la question de la réconciliation et de la vérité. Ainsi l'organisation par ces associations d'un symposium national sur les violations graves au Maroc en novembre 2001 était une occasion pour proposer dans ses recommandations l'installation d'une commission de réconciliation et de vérité.

La marche pour la réconciliation a connu un élan historique avec la création de l'IER en janvier 2004. Après la fin de son travail et la remise de son rapport définitif, quelles sont les réalisations, les limites et les enjeux de l'expérience de réconciliation au Maroc ?

---

[128] - Pour plus de renseignements voir : Ahmed Chaoiki Benayoub, *Instance indépendante d'arbitrage*, publications du centre de documentation, information et de formation en droits de l'homme, 2004. (en langue arabe).

A- Les acquis

L'IER a clôturé sa mission et a remis son rapport final au Cabinet royal le 30 novembre 2005. Entre janvier 2004 et 30 novembre 2005[129], elle a disposé de presque deux ans pour faire la lumière sur les violations massives et systématiques des droits de l'homme dans le passé.

L'Instance a été présidée par feu Driss Benzekri[130], ancien détenu politique ayant passé dix huit ans en prison. Elle avait pour objectifs : enquêter et répertorier l'ensemble des disparitions forcées et des arrestations arbitraires commises depuis un demi siècle entre 1956 et 1999, offrir une réparation aux victimes, au-delà d'une simple indemnisation matérielle, et enfin présenter un rapport contenant des recommandations pour se prémunir contre la répétition du passé, préserver la mémoire et restaurer la confiance dans la primauté de la loi et le respect des droits de l'homme.

Le travail de l'IER a couvert une période historique vaste qui englobe : les enlèvements de 1956, la révolte du Rif de 1958, l'instauration de l'état d'exception de 1965 à 1970, les attentats contre feu Hassan II au début des années 1970, la répression des opposants d'extrême gauche dans les années 1970, les émeutes sociales en 1981, 1984, 1990[131]. C'est ce qui explique la difficulté qu'a rencontrée

---

[129] - Le mandat de l'IER devait prendre fin en avril 2005, SM le roi a accepté de proroger sa mission jusqu'à novembre 2005.
[130] - Driss Benzekri est né en 1950 à Aït Ouahi, dans la province de Khémisset. Enseignant et dirigeant de l'organisation marxiste-léniniste, Ila Alamame, il a été arrêté en 1974 à l'âge de 24 ans et condamné en 1977 à 30 ans de prison. Il ne sera libéré que 17 ans plus tard, en 1991. Membre fondateur et premier président du FVJ en 1999. Le 7 janvier 2004, S.M Mohammed VI l'avait nommé à la présidence de l'IER, en juillet 2005 il est devenu président du CCDH. Il est décédé le 20 mai 2007.
[131] - Voir : dossier spécial sur l'IER, l'Intelligent, n°. 2293, du 19 au 25 décembre 2004, pp.87-90.

l'IER pour traiter des dossiers d'une telle envergure et complexité[132].

En général, la majorité des forces politiques et des associations de défense des droits de l'homme ont tenu à saluer le travail colossal mené par l'IER, et ce malgré quelques critiques de la part de certaines associations, notamment le FJV et l'AMDH. Au niveau international, la plupart des ONG internationales des droits de l'homme se sont félicité de l'expérience marocaine et des résultats positifs de l'IER.

La spécificité du processus de réconciliation au Maroc, c'est qu'il n'y a pas eu une rupture institutionnelle ou un changement radical au niveau politique, mais plutôt des réformes graduelles qui visent la démocratisation du champ politique. Ce qui, à notre avis, a renforcé la réussite de la réconciliation.

Sur plusieurs volets, l'IER a réussi à accomplir sa mission, notamment en matière des disparitions forcées, détention arbitraire, réparation et audiences publiques.

1- La disparition forcée et la détention arbitraire

Afin d'établir la vérité sur les violations graves des droits de l'homme, l'IER a mené des enquêtes, des recherches et des concertations avec les pouvoirs publics, les victimes et leurs familles, et les ONG concernées. A travers le recueil des témoignages, les investigations, les audiences publiques des victimes et des audiences à huis clos avec des témoins et d'anciens responsables et l'examen des archives officielles, elle a pu déterminer la nature, la gravité, le contexte de ces violations et les responsabilités de l'Etat et de ses appareils.

---

[132] - Il faut rappeler que la période couverte par le mandat de l'IER est la plus large par rapport à celles couvertes par toutes les commissions de vérité dans le monde.

L'IER a constaté que des personnes et des groupes de personnes ont été enlevées lors d'un certain nombre d'événements politiques. La disparition forcée avait touché de manière générale des personnes isolées, enlevées de leur domicile ou dans des circonstances indéterminées, et détenues dans des centres illégaux.

Concernant la disparition forcée, l'IER a abouti à d'importants résultats :

- Déterminer avec précision les lieux de sépulture et l'identité de 89 personnes décédées en cours de détention : 32 à Agdez, 31 à Tazmamart, 16 à Kalaa Magouna, 8 à Tagounit,1 à Gourrama, 1 au barrage de Mansour adahbi.

- Déterminer les lieux de sépulture et l'identité de 11 personnes décédées pendant des affrontements armés, il s'agit d'un groupe de 11 personnes décédées en 1960 (groupe Barkatou et Moulay Chafii) et un groupe de 4 personnes en 1964 (Groupe Cheikh Alarab).

- Déterminer le sort de 325 personnes considérées par certains comme faisant partie des disparus. En fait elles sont décédées lors des émeutes urbaines de 1965, 1981,1984 et 1990, et ce à cause d'un usage disproportionné de la force publique. Ainsi, selon les investigations de l'IER, 50 victimes périrent dans les émeutes de Casablanca en 1965, 114 lors des événements de Casablanca en 1981 et 112 pendant les événements de Fès. Quant aux événements de 1984 il y a eu 13 victimes à Tétouan, 16 à Nador, 12 à Al-Hoceima, 4 à Lksar lkbir, 2 à Berkane, 1 à Zaio, 1 à Tanger.

Selon le rapport final de l'IER, ces victimes ont été enterrées la nuit, dans des cimetières réguliers, en absence des familles et sans l'intervention du parquet.

En outre, l'IER a pu déterminer que 173 personnes sont décédées au cours de détentions arbitraires ou de disparitions dans des centres de détention (Dar Bricha, Courbiss,Derb moulay Chérif, ...), parmi elles 39 cas relèvent des événements des premières années d'indépendance, avec une implication des acteurs non étatiques (partis politiques). Dans les années 1970, on a enregistré le nombre le plus élevé de décès avec 109 victimes[133].

Ainsi, l'IER a clarifié le sort de 742 cas de disparition forcée, elle a recommandé à l'Etat de poursuivre les recherches pour élucider le sort de 66 cas non résolus encore. Toutefois, si l'IER a réussi à élucider les mystères liés aux disparitions de plusieurs victimes, elle n'a pas pu arriver à la moindre conclusion sur les cas les plus emblématiques, à savoir les dossiers Mehdi Ben Barka, Hussein Manouzi et Abdelkhak Rouissi[134].

Au sujet de la détention arbitraire, elle a été pratiquée d'une façon systématique depuis le début des années soixante, notamment dans des affaires à caractère politique relevant des juridictions ordinaires. Le Rapport de l'IER affirme que : « *la pratique de la détention arbitraire, suivie ou non de poursuites judiciaires, a été légalisée par l'introduction de nouvelles dispositions dans le code de procédure pénale relatives à la garde à vue. La garde à vue devenue illimitée donnait en effet au parquet et en fait à la police judiciaire, un pouvoir exorbitant, dépassant celui reconnu aux cours et tribunaux, seuls habilités à prononcer des peines privatives de liberté dans les limites fixées par le code pénal* »[135]. L'IER a constaté que, outre les centres utilisés aux fins de détention en cas de disparition forcée, des centres légaux ou illégaux ont été utilisés à des fins de détention arbitraire, et que pendant la période qui précède le procès, les conditions de ce qui est supposé être une garde à vue étaient caractérisées par :

• L'obligation faite au détenu, dès son admission dans le lieu illégal de détention, de demeurer en permanence

---

[133] - Voir : - Rapport final de l'IER, livre I, Annajah aljadida, 2006, p. 74-79.(en langue arabe).
  - Synthèse du rapport final de l'IER, Annajah aljadida, 2006, p. 11.
[134] - Rapport final de l'IER, livre II, p.110-114.
[135] - Synthèse du rapport final de l'IER, p. 13.

dans une même position, soit assis ou à même le sol, les mains menottées et les yeux bandés, sauf pendant des séances de torture ;
- L'interdiction de communiquer entre les détenus ;
- La mauvaise qualité de l'alimentation ;
- La stricte limitation du besoin d'aller aux toilettes, droit soumis au bon vouloir des gardiens ;
- L'absence de toute hygiène, les détenus ne pouvant prendre un bain qu'au terme de plusieurs mois de détention, cette situation générant beaucoup de souffrance aux femmes, notamment en période de règles ;
- La prolifération de poux et l'usage très limité des insecticides souvent inefficaces ;
- Le refus des soins en cas de maladie, ils n'étaient dispensés que tardivement et en cas d'extrême urgence ;
- La privation des femmes, dans certains cas, de l'assistance médicale lors d'accouchements ou de fausses couches[136].

2- Torture et atteintes au droit à la vie

Le rapport a révélé que, durant les années de plomb, on a eu un recours systématique à la torture, laquelle a pris différentes formes physiques et psychiques. Il s'agit des pratiques de torture physique pénible, telles que : la technique dite de « l'avion » : suspendre la victime sous la forme d'un avion, les membres attachés, accompagnée de bastonnades sur les plantes des pieds et les autres parties du corps, les brûlures à l'aide de mégots, l'arrachement des ongles, l'immersion de la tête dans un sceau d'eau mélangée de produits détergents, la pratique de forcer les victimes à s'asseoir sur des bouteilles en verre. Ces pratiques ont engendré de grandes souffrances psychiques

---

[136] - Rapport final de l'IER, livre I, p. 79- 80.
- Synthèse du rapport final de l'IER, p. 13-14.

dans certains cas et des infirmités permanentes qui ont abouti parfois à des décès.

La torture morale et psychologique se manifestait à travers plusieurs pratiques : les menaces de mort ou de viol, l'injure, l'imposition permanente de menottes sur les mains et de bandeaux sur les yeux, rendant impossible la vision et le mouvement, la privation du sommeil, l'interdiction totale de communiquer avec les autres détenus, la torture ou la menace de torture d'un membre de la famille ou d'un proche....

D'après les dossiers analysés, l'IER a établi qu'au cours des événements de 1965, 1981, 1984,1990, il y a eu des violations graves des droits de l'homme surtout au niveau du droit à la vie. Ainsi plusieurs personnes qui n'ont rien à avoir avec ces événements et des petits enfants ont été tués par les services de sécurité. Ces violations sont dues au non respect des principes de base sur le recours à la force et l'utilisation des armes à feu. En effet, les services de sécurité ont utilisé dans beaucoup des cas des balles réelles au lieu d'adopter d'autres moyens pour préserver les vies humaines tout en dispersant les manifestants et plusieurs décès ont été causés par des balles tirées au niveau du crâne, de la cage thoracique ou du ventre.

Le Rapport affirme la responsabilité partagée et même quelque fois solidaire des appareils de sécurité dans les violations graves des droits de l'homme depuis l'indépendance jusqu'à 1999[137].

3- La réparation

L'IER a pris le concept de réparation dans un sens élargi qui n'englobe pas seulement l'indemnisation matérielle. Ainsi la réparation inclut :

---

[137] - Rapport final de l'IER, livre I, p. 80-84.
 - Synthèse de rapport final, p.15-16.

- La réparation individuelle qui englobe l'indemnisation, la réadaptation psychologique et médicale, la réintégration sociale des victimes susceptibles d'en bénéficier et le parachèvement du processus de règlement des problèmes administratifs, juridiques et professionnels et des questions relatives à la récupération des biens.
- La réparation générale ou collective, qui consiste d'une part dans l'établissement des garanties préventives pour rompre et prémunir des pratiques du passé, et d'autre part, la proposition des mesures susceptibles d'assurer la réintégration des régions touchées par les violations et marginalisées au niveau économique et social, et enfin la préservation de la mémoire[138].

Dans ce cadre l'IER a préconisé l'adoption et le soutien de nombreux programmes de développement socio-économique et culturel en faveur de plusieurs régions, notamment le Rif, Figuig, Tazmamart, Agdez-Zagora, Le Moyen Atlas...[139].

L'IER a reçu 16861 dossiers de réparation, le bilan de son travail dans ce domaine est le suivant :

Classification des dossiers positifs

Décisions prises	Nombre de dossiers	Pourcentage
Indemnisation financière	6385	37, 9
Indemnisation financière et réparation d'autres préjudices	1895	11,2
Recommandation uniquement	1499	8,9
Total	9779	58

---

[138] - Document, « *La question de la réparation* », fiche informative de l'IER, août 2005.
[139] - Voir journal La vérité, du 23 décembre au 5 janvier 2005.

Classification des dossiers restants

Décisions prises	Nombre de dossiers	Pourcentage
Non compétence et saisie de la partie compétente	66	0,4
Classement	18	0,1
Rejet	854	5,1
Décision d'omission	150	0,9
Irrecevabilité	927	5,5
Non compétence	4877	28,9
Dossiers incomplets	190	1,1
Total	6892	42

L'approche de l'IER était une approche globale où la réparation n'est pas réduite au dédommagement matériel mais elle est liée à d'autres missions, telles que l'établissement de la vérité, l'instauration de l'équité, la consolidation de la réconciliation, et la mise en place des garanties juridiques et institutionnelles pour se prémunir contre la répétition des violations graves des droits de l'homme.

4- Les audiences publiques

Entre décembre et mai 2005, l'IER a entamé l'organisation des séances publiques dans certaines régions qui ont beaucoup souffert des violations des droits de l'homme. Il s'agit des villes de Rabat, Marrakech, Figuig, Khénifra, Errachidia, Alhoceima[140].Cela en présence des

---

[140] - La dernière audition, prévue à Laayoune au sud marocain, a été annulée.

différentes composantes de la société et avec une large couverture des médias nationaux et internationaux.

Des victimes des violations des droits de l'homme ont relaté la répression et les exactions qu'elles ont subies. Leurs témoignages ne pouvaient faire l'objet d'interrogations ni de commentaires de la part des membres de l'IER ou des journalistes ou du public. Ces témoignages étaient représentatifs des différents types de violations : de genre, des différentes époques et de toutes les régions du Maroc.

Le but de ces audiences publiques est de faire la lumière sur différentes sortes d'exactions qu'a connues le pays, d'informer le peuple marocain des violations graves commises entre 1956-1999[141] et de rendre leur dignité aux victimes. En outre, ces audiences constituent un moyen efficace pour mener un processus de catharsis collective afin de pacifier l'espace politique et le décharger de la culture de la vengeance et de la rancune. Comme l'a bien affirmé Mustapha Iznasni, membre de l'IER : « *les audiences publiques ne sont pas un tribunal, loin s'en faut. En revanche, elles revêtent un double objectif : le premier, permettre la dignification des victimes, le second, informer pédagogiquement les générations futures et le peuple marocain, dans son ensemble, des exactions commises par l'Etat et des souffrances vécues par nombre de citoyens marocains* »[142].

Les associations marocaines de défense des droits de l'homme ont positivement accueilli ces audiences malgré les critiques virulentes de l'AMDH relatives à la forme et au contenu de ces audiences. De même les ONG internationales ont considéré cette expérience comme une

---

[141] - En fait, la première chaîne de télévision nationale a diffusé en direct et dans son intégralité la première audition, puis, contrairement à ce qui avait été initialement annoncé, les auditions suivantes ont été diffusées en extraits.

[142] - Cité in, Laetitia Grotti, « *L'histoire en direct* », Tel Quel, 25 décembre 2004 au 07 janvier 2005, p.8.

étape importante dans l'évolution positive des droits humains au Maroc.Ainsi Al, dans une déclaration publique, « *se félicite de ces auditions ...qui visent à offrir aux victimes et à leurs proches la possibilité de présenter à la population marocaine, et ce pour la première fois, des témoignages faisant état de disparitions et de détentions arbitraires. Elles représentent un tournant important sur la voie consistant à remédier aux graves atteintes aux droits de l'homme du passé* »[143].

La plupart des critiques ont été axées sur la dernière clause de « Charte d'honneur » entre l'IER et les témoins, lequel interdit aux témoins de citer les noms des présumés responsables. En effet, cette Charte, en plus d'interdire de défendre et d'attaquer lors des audiences toute organisation politique, syndicale ou associative, impose aux témoins de « *ne pas citer nommément les personnes que les victimes tiennent pour responsables des violations dont elles ont pu faire l'objet, conformément au caractère non judiciaire de l'Instance et aux dispositions prévues par ses statuts, qui stipulent d'écarter toute allusion aux responsabilités individuelles* »[144].

Contrairement a ce qui avait été affirmé par plusieurs médias marocains, il y a eu des protestations contre ces audiences publiques, dans la ville d'Alhoceima, plusieurs acteurs de la société civile se sont levés dans la salle d'audience pour exprimer leur mécontentement de la manière de présenter ces audiences et de ne pas citer les responsables et ne pas attaquer les organisations politiques. Il faut signaler que durant les événements du Rif en 1958 et 1959,les partis politiques avaient une grande responsabilité dans les violations atroces des droits de l'homme.

---

[143] - Amnesty, « *Amnesty se félicite des audiences publiques...* », index : AI:MDE 29/010/2004, 14 décembre 2004.
[144] - Voir : La Charte d'honneur relatif aux engagements de l'IER et des victimes participant aux auditions publiques, in : http://www.ier.ma/article.php3?id_article=639

Le fait de ne pas citer le nom des tortionnaires est considéré par quelques associations comme une consécration et un encouragement de l'impunité, et de ce fait les audiences ont souffert d'un manque de crédibilité[145]. Comme l'a bien exprimé Ahmed Marzouki, ancien détenu du bagne de Tazmamart : « *c'est bien de toucher le maximum des marocains en s'appuyant sur la télévision, mais il faut être le plus transparent possible. En ne citant pas le nom des tortionnaires, on va aboutir à une demi-vérité. C'est absurde* »[146]. Abdelhamid Amin, l'ex-président de l'AMDH, a ainsi affirmé :

« *l'IER refuse catégoriquement de désigner les responsabilités individuelles, ce qui signifie que nous aurons, au mieux, une vérité partielle. Les conséquences des attentats du 16 mai 2003 à Casablanca ont révélé la fragilité de ce qui avait été accompli en matière des droits humains et par conséquent l'importance de renforcer la lutte contre l'impunité et pour la vérité* »[147].

En réaction à ces audiences publiques, l'AMDH a organisé des audiences parallèles entre février et mai 2005 à Rabat, khénifra, Alhoceima, Marrakech et Paris, sous le titre « *témoignages en toute liberté pour la vérité* ». Au cours de ces audiences, certaines victimes ont cité les noms de leurs bourreaux[148].

Il faut rappeler que déjà les noms de plusieurs tortionnaires ont été publiés par la presse indépendante, et en 2001 l'AMDH avait publié une liste de 44 noms parmi

---

[145] -Younes Alami, Ali Amar, « *une réconciliation si fragile au Maroc* », le Monde Diplomatique, avril 2005, p.8-9.
[146] - Cité in, Jean Pierre Tuquoi, « *le Maroc s'efforce de tourner la page des « années de plomb »* », le Monde, 16 décembre 2004, p.5.
[147] - Cité in, Rapport de HRW , « Maroc, *la commission marocaine de vérité, le devoir de mémoire honoré à une époque incertaine* », novembre 2005, Volume 17, No. 11(E), p.35. Consultable sur : http://www.hrw.org/french/reports/2005/morocco1105/morocco1105fr wcover.pdf
[148] - Voir, www.amdh.org.ma .

lesquels un nombre important de hauts gradés des forces armées royales qui sont encore en fonction.

B- Les limites

Le chantier ouvert par l'IER était gigantesque ; elle a été confrontée à des contraintes considérables qui ont pesé sur le bilan et le résultat définitif du son travail. Malgré les acquis importants obtenus par l'IER, il n'en demeure pas moins que l'exercice de la politique de la réconciliation souffre de plusieurs défaillances et reste plus difficile que prévu.

1- L'impunité

L'IER n'est pas une instance judiciaire, elle ne peut invoquer la responsabilité individuelle et ouvrir des poursuites contre les responsables des violations graves des droits de l'homme. Selon le mandat de l'IER, on ne peut ni désigner les tortionnaires - même pas durant les audiences publiques des victimes -, ni les poursuivre en justice.

Selon feu Driss Benzekri, président de l'IER, choisir de désigner les noms des coupables c'est risquer la diffamation, puisque les victimes manquent le plus souvent de preuves[149] ; il affirme en plus que « *si nous nous arrogions le droit de juger les personnes, nous nous mettrions en contradiction totale avec les idéaux que nous défendons. Nous effectuons un travail de mémoire qui se fait dix, vingt ou trente ans plus tard. On ne peut pas jeter en pâture des noms, en dehors d'une scène judiciaire ordinaire* »[150]. Driss Elyazami membre de l'IER avance un autre argument pour justifier la non nomination des responsables, il pense qu'expliquer les années noires par le seul zèle de quelques individus malfaisants serait réducteur, c'est tout un système qui était en œuvre et c'est

---

[149] - Cité in J.P.Tuquoi, op.cit, p.5.
[150] - Driss Benzekri, (entretien), Le Monde, 13 avril 2005, p.4.

lui qu'il faut démonter. Il ajoute que : « *les graves violations des droits de l'homme commises entre 1956 et 1999 ne sont pas uniquement le fait d'une centaine d'individus. Des raisons historiques, politiques, sociales, institutionnelles et juridiques expliquent ces abus. Nous avons estimé que la responsabilité institutionnelle primait sur la responsabilité individuelle. L'essentiel est d'identifier les causes profondes de ces violations afin d'éviter la répétition d'une telle tragédie. Et ce n'est pas en jugeant une poignée d'individus qu'on y parviendra* »[151].

Cette attitude a suscité plusieurs critiques parmi les défenseurs des droits de l'homme, en avançant qu'il n'y a pas de veritable réconciliation sans responsabilité, il n' y a pas d'équité et de vérité quand les criminels restent impunis. Mohamed Essabar, président du FVJ a déclaré qu' « *on ne peut pas régler le problème sans évoquer la responsabilité individuelle de chacun, la réconciliation est impossible tant que les criminels restent impunis. Regardez ce qui s'est passé en Afrique du Sud : la Commission a certes décidé d'amnistier certains bourreaux, mais seulement après qu'ils ont reconnu leurs crimes !* »[152]. Dans la même logique, Abdelkhalek Benzekri, membre de l'AMDH, soutient que : « *pour la vérité, les tortionnaires doivent être nommés. Nous savons que plusieurs d'entre eux sont toujours en place à des postes élevés au sein de l'Etat. Pourquoi bénéficient-ils de l'impunité ? Il faut suivre les recommandations des Nations Unies, les poursuivre, les juger, les punir* »[153].

En effet, ceux qui critiquent l'expérience de l'IER trouvent que la réconciliation ne peut se faire à sens unique, que la parole libérée des victimes pourrait ne pas

---

[151] - Driss Elyazami,(entretien), L'Intelligent, n°2293, du 19 au 25 décembre 2004, 90.
[152] - Cité in, l'Intelligent, n°2293, du 19 au 25 décembre2004, p.90.
[153] - Cité in, J.P.Tuquoi, op.cit, p.5.

suffire, il manque l'autre voix, celle des responsables qui pourraient venir pour assumer leurs actes[154].

Dans son rapport sur le processus de réconciliation au Maroc, publié en novembre 2005, HRW s'est opposée à toute amnistie des responsables des violations graves des droits de l'homme et elle a demandé à l'Instance de prendre une position claire relative à la poursuite pénale des tortionnaires. Ainsi le rapport affirme que « *le Maroc a des obligations au regard du droit international concernant les exactions passées. Ce qui comprend d'assurer que les responsables des violations graves soient identifiés et traduits en justice. Les Nations Unies comme les institutions régionales des droits de l'homme, de même que les tribunaux pénaux internationaux, ont établi qu'il ne devrait y avoir d'amnistie pour les poursuites ou les procédures similaires portant sur les violations graves des droits humains* »[155].

Ce qui est inacceptable, au moins, c'est que plusieurs fonctionnaires qui étaient responsables ou ont participé à ces violations occupent toujours de hautes fonctions au sein de l'Etat marocain.

2- La non coopération des services de l'Etat

Le Rapport final de l'IER fait part des difficultés rencontrées pour établir la vérité, notamment « la coopération inégale des appareils de sécurité » et le refus de quelques anciens responsables de « contribuer à l'effort d'établissement de la vérité ».

L'IER est entrée en communication avec les services étatiques concernés par les violations graves des droits de l'homme, notamment les services des forces armées, la gendarmerie royale et la police, en vue d'élucider la vérité

---

[154] - Driss Ksikes, « *au delà de l'émotion* », Tel Quel, 25 décembre 2004 au 7 janvier 2005, p.9.
[155] - Rapport de HRW, novembre 2005, op.cit., p.23-24.

sur les cas des disparitions et les lieux de sépulture de plusieurs victimes.

En effet, l'Instance n'a aucun pouvoir pour obliger les autorités à livrer leurs archives et à coopérer et lui fournir les documents et les témoignages nécessaires afin de faciliter son travail. L'article 7 du statut de l'IER stipule que : « en *vue de réaliser les objectifs prévus par ces statuts et de mettre en œuvre la haute décision royale portant création de l'instance équité et réconciliation, toutes les autorités et institutions publiques apportent à l'instance leur concours et lui fournissent toutes les informations, données lui permettant d'accomplir ses missions* ». Donc l'IER n'est doté d'aucun pouvoir de contrainte ou de sanction en cas de non coopération.

L'IER a démontré que les services de sécurité marocains (police, gendarmerie, armée, services secrets) sont impliqués dans les exactions commises de 1956 à 1999. De multiples appareils de sécurité sont intervenus de façon parallèle ou combinée pendant plusieurs émeutes, ce qui rend difficile la détermination du degré de responsabilité de chaque service dans les violations graves commises contre les citoyens marocains[156].

L'établissement de la vérité dépend de l'accès aux archives et aux documents de ces services et des témoignages d'anciens et d'actuels agents de sécurité et de leurs supérieurs. L'IER a reconnu qu'il a trouvé quelques fois des difficultés pour avoir accès aux archives et données, certains anciens responsables ont refusé de présenter leurs témoignages devant l'Instance, ce qui l'a privé de sources d'informations qui auraient pu contribuer à élucider nombreux faits faisant objet d'investigations. En vérité, l'accès aux documents et aux témoignages peut mettre en cause les agents de sécurité et leurs collègues dans les autres services, c'est pourquoi il y avait refus de plusieurs appareils à coopérer avec l'IER.

---

[156] - Voir synthèse du rapport final de l'IER.

Le manque de coopération de la part de plusieurs services de sécurité afin de faire lumière sur beaucoup de cas non résolus et d'événements ambigus non clarifiés encore (le soulèvement du Rif, massacre des membres de l'Armée de libération nationale, les cas non élucidés des disparus…), touche profondément à la crédibilité et la lucidité du travail de l'IER. HRW a recommandé à l'IER « *de révéler publiquement dans quelle mesure l'IER a bénéficié, lors des enquêtes de la coopération nécessaire des fonctionnaires, anciens et actuels, coopération qui se mesure à l'aune des témoignages oraux apportés, des documents fournis et autres preuves, et révéler l'impact que tout manque de coopération aura eu sur la tâche qui incombe à l'instance de fournir un compte rendu circonstancié et fidèle de la période considérée* »[157].

La vérité sur la coopération des appareils étatiques concernés est tout à fait ambiguë, surtout qu'il y a eu des déclarations contradictoires, des rumeurs sur le sujet, sans aucune position ferme des responsables de l'IER. Le rapport final se contente de signaler « *la coopération inégale des appareils de sécurité* ». Feu Benzekri a affirmé à Radio France Internationale que plusieurs services de sécurité ont bien coopéré avec l'IER pour avoir accès aux informations[158], quelques jours plus tard, il reconnaîtra avoir rencontré des difficultés pour accéder aux renseignements nécessaires pour éclaircir les abus du passé. Ainsi il déclara : « *Tout a commencé par des recherches dans les archives. Je n'ai pas besoin de vous dire que nous avions des appréhensions. D'abord, y' avait-il des archives, et où ? Etaient – elles en bon état ? Dans quelle mesure étaient- elles fiables ?...Aux archives la*

---

[157] - Rapport HRW, op.cit, p.6.
[158] - Driss Benzekri, (entretien), Radio France Internationale, le 12 janvier 2006.

recherche a été très difficile. Les archives sont plus au moins bien organisées, mais au moins, elles existent. »[159].

3- La permanence des violations des droits de l'homme

L'IER est le résultat d'un long processus de réformes juridiques, institutionnelles, politiques, entamées au Maroc depuis les années 1990. Hélas, l'Instance a mené son travail dans une période marquée par une régression considérable des acquis au niveau des droits de l'homme. Pire encore, les pratiques du passé semblent resurgir et persister actuellement.

Les violations actuelles des droits de l'homme, dénoncées par plusieurs associations nationales et internationales des droits de l'homme, montrent que dans plusieurs cas les agents de sécurité continuent d'agir dans un climat d'impunité et de mépris de la loi et sans aucun respect des garanties des droits de l'homme. Par ailleurs, le Comité des droits de l'homme des Nations Unies, dans ses recommandations finales en novembre 2004, a souligné le recul du respect des droits de l'homme au Maroc, et malgré les avancées remarquables, la situation des droits de l'homme reste préoccupante[160].

Cela discrédite les résultats du travail de L'IER, Abdelhamid Amin président de l'AMDH, redoute que « *le déballage du passé n'occulte les violations du présent* » et estime que « la *permanence des abus nuit à la crédibilité*

---

[159] - Driss Benzekri (entretien), J.A/ L'Intelligent, n° 2350, du 22 au 28 janvier 2006, p. 48.
[160] - Observations finales du Comité des droits de l'homme, Quatre-vingt-deuxième session, 01/12/ 2004, CCPR/CO/82/MAR. Consultable sur :
http://www.unhchr.ch/tbs/doc.nsf/(Symbol)/CCPR.CO.82.MAR.Fr?Opendocument

de l'IER »[161]. L'un des membres de l'OMDH n'a pas caché son mécontentement : « *on nous parle des « années de plomb » comme si elles étaient derrière nous. Or, tout continue comme avant : la torture, les détentions arbitraires, la justice aux ordres. Ce qui a changé, ce sont les victimes. Hier, c'était la gauche qui en faisait les frais, aujourd'hui ce sont les islamistes* »[162].

Il est déplorable que Driss Benzekri ait nié l'existence des violations graves des droits de l'homme dans le cadre de la lutte antiterroriste, et qu'il ait qualifié les ONG ayant protesté contre ces abus de « mafias ».

C'est vrai que le mandat de l'IER ne concerne pas les violations du présent, mais il prévoit des recommandations pour éviter la répétition des violations du passé. En effet parmi les missions de l'IER figurent celles de proposer des « garanties de non reproduction de ces violations » et de « restaurer la confiance dans la primauté de la loi et le respect des droits de l'homme ». Dans les recommandations de 2003 pour la création de l'IER, le CCDH affirmait que l'Instance doit « *garantir la rupture définitive avec les pratiques du passé, de rétablir et renforcer la confiance en l'Etat de droit et le respect des droits de l'homme*». Tous ces principes et ces objectifs sont en contradiction flagrante avec la permanence des exactions dans le présent.

C- La mise en œuvre des recommandations

Les recommandations proposées par l'IER sont d'une grande importance, l'Institut pour la justice et la réconciliation, que préside le révérend Desmund Tutu, a salué le travail de l'IER parce qu'elle est allée au-delà de tout autre organe de genre au monde de par les recommandations pragmatiques »[163].

---

[161] - Cité in, L'Intelligent, n°2293, du 19 au 25 décembre 2004, p.90.
[162] - Cité in, J.P.Tuquoi, op.cit., p.5.
[163] - Driss Bennani, « *IER world tour* », Revue Tel Quel, 11 au 17 février 2006, p.15.

Ces recommandations constituent un pas décisif en vue de jeter les bases d'un Etat de droit et poursuivre le processus de démocratisation, mais à condition de garantir leur application et de les convertir en textes de loi.

Les axes les plus importants de ces recommandations sont les suivants :

▶ **Entamer des réformes constitutionnelles** pour la consolidation des garanties constitutionnelles des droits de l'homme, notamment par l'inscription des principes de la primauté du droit international des droits de l'homme sur le droit interne, de la présomption d'innocence, et du droit à un procès équitable. L'IER recommande aussi le renforcement du principe de la séparation des pouvoirs. Pour qu'il ait une vraie démocratie au Maroc, il faut que le gouvernement et le parlement puissent bénéficier de réels pouvoirs et interdire l'ingérence du pouvoir exécutif dans l'organisation et le fonctionnement du pouvoir judiciaire. De même l'IER recommande la consolidation du contrôle de la constitutionnalité des lois et des règlements ressortant du pouvoir exécutif.

▶ **Continuer à adhérer aux conventions du droit international des droits de l'homme**, ceci implique :

- la ratification du deuxième Protocole facultatif se rapportant au Pacte international relatif aux droits civils et politiques, visant à abolir la peine de mort.
- La ratification du Protocole facultatif se rapportant à la Convention sur l'élimination de toutes les formes de discrimination à l'égard des femmes.
- La levée des réserves émises sur la Convention pour l'élimination de toutes les formes de discrimination à l'égard des femmes.
- La ratification du statut de Rome de la CPI.

▶ **Instaurer une stratégie nationale de lutte contre l'impunité**, ce qui exige en plus des réformes juridiques, la mise en place de politiques publiques relatives aux secteurs de la justice, de la sécurité, de l'éducation. En outre il faut harmoniser la législation pénale avec le droit international des droits de l'homme. Cela revêt plusieurs aspects :

- Intégrer dans le droit interne les définitions, les qualifications et les éléments constitutifs des crimes de disparition forcée, de torture et de détention arbitraire.

- Faire obliger tout membre du personnel civil ou militaire chargé de l'application de lois à rapporter toute information concernant les violations graves des droits de l'homme, quelle qu'en soit l'autorité commanditaire.

- Consolider la protection des droits des victimes et les voies de recours.

▶ **Introduire des réformes dans le domaine de la justice, de la sécurité, de la législation et de la politique pénales**, et ce à travers :

- La réforme des appareils sécuritaires, qui exige la mise à niveau, la clarification et la publication des textes réglementaires relatifs aux attributions, à l'organisation, aux processus de décision, aux modes d'opération et aux systèmes de supervision et d'évaluation de tous les appareils de sécurité et de renseignement[164], ainsi que des autorités administratives en charge de maintien de l'ordre public ou ayant le pouvoir de recourir à la force publique.

- Le renforcement de l'indépendance de la justice, ce qui implique la révision de la loi organique du statut du Conseil supérieur de la magistrature.

- La mise à niveau de la législation et de la politique pénales, ce qui exige le renforcement des garanties de droit et de procédure contre les violations des droits de l'homme.

▶ **Promouvoir la recherche scientifique relative à l'Histoire présente et antique du Maroc**, et ce via :

- La préservation de toutes les archives nationales, et l'élaboration d'une loi qui réglemente les archives.

---

[164] - En effet peu d'informations sont disponibles sur le financement et les prérogatives des institutions sécuritaires, en plus leurs missions sont générales et peu précises.

- La révision progressive du contenu des programmes de l'Histoire marocaine.

- L'instauration d'un institut national indépendant chargé de recherche, documentation et publication sur l'Histoire récente et ancienne du pays et sur les événements historiques liés au passé des violations graves des droits de l'homme et aux réformes démocratiques.

Compte tenu de l'importance cruciale que revêt cette question et la nécessité de préserver les fonds d'archives existants pour reconstruire l'histoire politique et sociale du Maroc actuel, un projet de loi a été adopté en 2007[165]. La loi prévoit l'instauration d'une institution publique sous le nom "archives du Maroc", elle jouira de la personnalité morale et de l'autonomie financière. Elle sera chargée de faire l'inventaire, la collecte des archives et de les préserver et les mettre à la disposition du public (selon certaines conditions). De même, elle énonce de lourdes peines, allant de 2 ans jusqu'à 10 ans en cas de vol, destruction ou dégradation des archives publiques.

▶ **Présenter des excuses officielles et publiques pour les violations graves des droits de l'homme commises dans le passé** : Dans un geste symbolique, l'IER recommande la présentation, de la part du premier ministre, et au nom du gouvernement, d'une excuse officielle et publique devant le parlement, en tant que reconnaissance de la responsabilité de l'Etat dans les abus du passé. Jusqu'aujourd'hui aucune excuse officielle publique n'a été présentée par l'Etat.

▶ **Mettre en place des mécanismes de suivi pour assurer l'application des recommandations**, notamment pour :

-L'exécution des décisions relatives à l'indemnisation et le suivi de la mise en œuvre des autres modalités de réparation dont la réhabilitation médicale et

---

[165] - Il s'agit de la loi n° 69-99 relative aux archives.

psychique des victimes, les programmes de réparation communautaire.

- La mise en œuvre des recommandations relatives à l'établissement de la vérité concernant les cas non encore élucidés.

- La préservation des archives de l'IER et des archives publiques.

Pour mettre en œuvre et assurer le suivi de ces recommandations, l'IER a suggéré :

- La création, au sein du CCDH, d'un comité chargé du suivi des recommandations de l'IER, et dont les activités feront l'objet de rapports réguliers présentés dans le cadre du bilan annuel du CCDH.

- La désignation, par le gouvernement, d'une commission interministérielle pour suivre l'exécution des recommandations de l'IER.

C'est seulement en engageant et en appliquant ces réformes que le travail de l'IER aura un sens, et pour que le Rapport ne reste pas lettre morte, il est nécessaire de mettre sur pied de véritables mécanismes de mise en œuvre de ces recommandations, notamment au niveau institutionnel et ce pour garantir un meilleur avenir aux droits de l'homme au Maroc. A ce jour pourtant, une partie importante de ces recommandations n'a pas été mise en œuvre. La déclaration gouvernementale, qui a suivi la nomination du nouveau gouvernement après les élections de 7 septembre 2007, n'a fait aucune référence aux recommandations de l'IER.

Les recommandations proposées par l'IER sont audacieuses et d'une grande importance, mais il faut avouer qu' « *au Maroc, même si une volonté de réforme est affichée, la mise en œuvre des règles adoptées n'est pas toujours à la hauteur des espoirs qu'elles suscitent* »[166].

---

[166] - Cité in, la FIDH, Séminaire régional, « *les commissions de vérité et de réconciliation : l'expérience marocaine* », n°.396, juillet 2004. Consultable sur : http://www.fidh.org/IMG/pdf/Ma396f.pdf

Enfin, il y a encore beaucoup de tâches à accomplir pour rechercher les contextes historiques et politiques et porter un éclairage sur les circonstances et les faits relatifs aux atteintes graves aux droits de l'homme. Le travail de l'IER ne présente qu'une phase d'un long processus. Réussir la réconciliation et la démocratisation du pays dépend dans une large mesure de la volonté politique de l'Etat, mais aussi de l'action de la société en faveur de la démocratie.

Chapitre VI
La culture amazighe et le respect des droits culturels

Les imazighens[167] sont la population autochtone de l'Afrique du nord, ils sont présents au Maghreb depuis plus de cinq mille ans, leur aire géographique couvre prés de cinq millions de km². Ils représentent environ 30 millions de personnes, réparties sur neuf pays du grand Maghreb-Sahara-Sahel : le Maroc, l'Algérie, la Tunisie, le Niger, le Mali, le Burkina-Faso, la Mauritanie, la Libye et l'Egypte (Oasis Siwa), les îles Canaries. Le Maroc est le pays qui réunit le plus de berbérophones, et la langue amazighe au Maroc est constituée de trois grandes variétés régionales : le tarifit au Rif, le tamazight au moyen Atlas et au sud-est et le tachlhit au sud - ouest et dans le haut -Atlas.

---

[167] - Imazighen, pluriel du terme masculin « amazigh », qui signifie selon l'étymologie la plus courante « homme libre », son féminin tamazight désigne aussi la langue parlée par les amazighes. Les latins ont utilisé le mot « berbères ». Dans la culture greco-romaine, « barbarus » c'est celui qui est étranger à la cité, à l'empire et celui qui ne sait pas parler, d'où l'onomatopée « bar- bare », et par extension il signifie le sauvage et le non civilisé : C'est pourquoi les activistes amazighs préfèrent le terme imazighen qu'il s se donnent à eux-mêmes. Ce mot a été repris par les arabes, à propos des habitants du Maghreb, Barabir, par opposition aux Roums, terme désignant les romains ou plus exactement les byzantins. Nous utilisons le terme amazigh/imazighen dans son acception culturel et sans aucune référence raciale ou ethnique. Après des milliers d'années d'échanges culturels et de brassages ethniques avec diverses populations et cultures, il est impossible de parler d'une identité amazighe pure et d'une population d'appartenance raciale amazighe unique. Les revendications amazighes au Maroc, hormis quelques exceptions, se focalisent sur les aspects culturels et politiques loin des tendances raciales. En fait, la langue et la culture amazighes sont le patrimoine commun de tous les marocains.

La fin de la guerre froide, le grand retour de l'identité sur la scène internationale (conflits ethniques, explosion des entités étatiques multiethniques, replis identitaires, revendications des droits culturels…), la crise et l'affadissement des idéologies, y compris le nationalisme arabe (panarabisme, baathisme), ont favorisé l'éclosion d'une conscience identitaire et culturelle amazighe, et ce après une longue marginalisation. L'ouverture politique entamée par le pouvoir dans les années 90, la fin des années de plomb et les réformes positives au niveau du respect des droits de l'homme ont créé un environnement propice pour l'émergence du mouvement revendicatif amazigh et le début d'une reconnaissance progressive et partielle des droits culturels amazighs de la part de l'Etat marocain.

A- L'évolution de la question amazighe au Maroc

Après l'indépendance du Maroc, et jusqu'à la fin des années quatre vingt dix, le discours arabo-islamiste a monopolisé la vie politique et culturelle marocaine. L'élite marocaine a pris le fameux dahir berbère de 1930[168]

---

[168] - C'est un décret royal promulgué le 16 mai 1930 qui comporte huit articles visant à régler « le fonctionnement de la justice dans les tribus de coutume berbère non pourvues de tribunaux pour l'application de la loi islamique ». Le premier article de ce dahir stipule que : « Dans les tribus de notre empire reconnues comme étant de coutume berbère, la répression des infractions commises par les sujets marocains qui serait de la compétence des Caïds dans les autres parties de l'empire, est de la compétence des chefs de tribus ». Le mouvement nationaliste marocaine a mené des protestations dans les grands villes (Rabat, Salé, Fès..) et dans les mosquées pour contester ce dahir présenté comme une tentative coloniale qui vise à diviser la nation marocaine et porter atteinte à l'islam. Aujourd'hui plusieurs chercheurs ont démontré l'instrumentalisation politique qu'a fait le mouvement nationaliste de ce dahir pour contrecarrer toutes les revendications amazighes au Maroc. Voir à ce propos :

comme prétexte pour nier toute reconnaissance de l'identité culturelle et linguistique des amazighes. Ainsi elle est restée confinée dans le folklore et les cultures populaires et arts traditionnels sans aucun souci de restaurer et promouvoir la dimension amazighe comme un des principaux constituants de l'identité culturelle du Maroc[169].

Guidé dans sa vision de construction de l'Etat-nation par un esprit makhzenien et centralisateur, l'Etat marocain a mené dés l'indépendance une politique arbitraire de centralisme et d'unification en marginalisant les périphéries au niveau politique, culturel et économique. De même, le mouvement nationaliste marocain avait développé « *une vision unitaire de l'identité nationale fondée sur deux piliers exclusifs : l'islam et la langue arabe...et toute diversité culturelle a été perçue, aussi bien par la monarchie que par l'élite politique, comme un facteur de division et une menace pour l'unité nationale* »[170].

Au niveau culturel et linguistique, la politique d'arabisation devient l'un des piliers fondamentaux de l'édification de l'Etat moderne au Maroc, toute critique de cette politique ou toute revendication de la spécificité

- Mohammed Mounib, *Le Dahir berbère, la plus grande supercherie dans L'histoire contemporaine du Maroc*, Bouregreg, Rabat, 2002.

[169] - L'élite politique et culturelle a pour longtemps assimilé les revendications amazighes à une tendance traditionaliste et rétrograde. C'est pourquoi elle a considéré la question amazighe comme synonyme de tribalisme prôné par les élites traditionnelles rurales contre le projet de construction d'un Etat moderne et urbanisé !

[170] - Mohamed Sghir Janjar , « *Droits civils et politiques :État des lieux et perspectives d'avenir* », in Mohamed Sghir Janjar, Rabia Naciri et Mohamed Mouaquit, *Développement démocratique et action associative au Maroc*, Droits et démocratie et Espace associatif, Centre international des droits de la personne et du développement démocratique, 2004, p.48.

culturelle amazighe sont réprimées et perçues comme une atteinte au « consensus national » et à « l'unité de la nation ». Cette politique a constitué « *un dogme intangible, un objectif indiscutable de la construction nationale, au même titre que l'indépendance politique qui en fut la pierre angulaire* »[171].

Pire encore, avec l'instrumentalisation de la religion islamique via sa confusion arbitraire, voire abusive avec la langue arabe, l'arabisation devient un devoir sacré qui détient une légitimité religieuse : l'Islam et la langue arabe deviennent des repères identitaires identiques et unifiés. Ceci n'a laissé aucune marge de manœuvre pour réclamer l'amazighité de l'identité nationale marocaine. Les spécificités de la culture amazighe étaient conçues comme des micro-particularismes en voie de disparition, et la langue amazighe comme une langue vernaculaire liée aux structures traditionnelles tribales et rurales. Cela a favorisé l'assimilation profonde des imazighens et la dégradation de leurs espaces culturels. Ainsi, et jusqu'aux années 90, toutes les revendications amazighes ont été réprimées et présentées en tant que sujet tabou.

Dés le début des années 90[172], les associations amazighes commencent à fleurir d'une manière influente au sein de la société civile marocaine. Leur activisme s'est vu renforcé par l'adoption en 5 août 1991 de la Charte d'Agadir[173] qui constitue le premier document collectif

---

[171] - Gilbert Grandguillaume, *Arabisation et politique linguistique au Maghreb*, Maisonneuve et Larose, Paris, 1983, p.29.

[172] - Pour plus d'informations sur l'évolution de la question amazighe dans les débuts des années 90, voir Joël Donnet, « *Après deux mille ans de mépris, renaissance berbère au Maroc* », Le Monde Diplomatique, janvier 1995, p.18.

[173] - Lors du colloque sur la culture amazighe organisé par l'Université d'été d'Agadir, six associations du mouvement amazigh ont adopté la Charte d'Agadir qui réclame la reconnaissance de la langue et de la culture amazighes :
- Association marocaine de recherche et d'échange culturels (Rabat) ;
- Association nouvelle pour la culture et les arts populaires ;

revendiquant la reconnaissance des droits culturels amazighs. Les signataires de cette Charte ont exprimé leur indignation devant la marginalisation et le refoulement systématiques de la culture et de la langue amazighes : « *L'état présent de la langue et de la culture amazighes révèle une contradiction majeure entre leur importance dans la formation de la personnalité culturelle du peuple marocain et la situation dramatique qui est le lot de cette langue et de cette culture* ». En outre, ils ont défini les objectifs prioritaires à atteindre, à savoir :

- La stipulation dans la constitution du caractère national de la langue amazighe à côté de la langue arabe;
- La création de l'Institut national d'études et de recherches amazighes[174] chargé d'impulser et d'encadrer les projets de promotion de la langue amazighe. Et ce en vue de réaliser les tâches suivantes :

• L'élaboration d'un système graphique unifié permettant de transcrire de façon adéquate la langue amazighe;

• La standardisation de la grammaire de la langue amazighe;

• La confection des outils pédagogiques appropriés à l'enseignement de la langue amazighe.

- L'intégration de la langue et de la culture amazighes dans les divers domaines d'activités culturelles et éducatives, spécifiquement, à moyen terme, leur insertion dans les programmes d'enseignement public et, à court terme, la création d'un département de langue et de culture amazighes dans les universités marocaines;

- Association de l'Université d'été (Agadir) ;
- Association culturelle Gheris (Tilelli);
- Association Ilmas; (Nador) ;
- Association culturelle de Souss .

[174] - En 1979, un texte portant création d'un centre d'études et de recherches amazighes avait été adopté à l'unanimité par le parlement marocain. Mais le gouvernement n'a entrepris aucune mesure pour l'instaurer.

- Faire bénéficier la langue et la culture amazighes des programmes de recherche scientifique au niveau universitaire et académique;
- Accorder à la langue et à la culture amazighes le droit de cité dans les masse média écrits et audiovisuels;
- Encourager la production et la création dans les différents domaines de la connaissance et de culture en langue amazighe;
- Confectionner, diffuser et utiliser les moyens d'expression et d'apprentissage en langue amazighe[175].

En 1993, des associations amazighes rendent public un mémorandum sur les droits culturels et linguistiques amazighes, dans lequel elles dénoncent « *la politique d'assimilation forcée pratiquée à l'égard des imazighens ainsi que leur identité, culture et langue* »[176]. Au début 1994, avec l'intensification de leurs protestations et revendications, les associations amazighes mieux organisées, ont décidé la création du Conseil national de coordination, en vue d'unir et de coordonner leurs actions[177].

En réaction à la montée des revendications amazighes, les autorités ont interpellé en février 1994 des membres de l'association Tamaynut à Inezgan, suite à la publication d'un calendrier écrit en trois langues, arabe, français et amazighe pour le nouvel an amazigh. Sur le calendrier, figuraient entre autres, les visages d'une dizaine des rois amazighs, tels Massinissa, Jugurtha, Juba... Le chef d'inculpation était l'incitation et la production d'actes

---

[175]- La charte d'Agadir est consultable sur le site :
http://www.tlfq.ulaval.ca/axl/afrique/charte_berbere.htm
[176] - Voir : Younes Alami, Omar Brouksy, Nadia Hachimi Alaoui, « *que veulent les berbères ?* », dossier spécial, Le Journal hebdomadaire du 30 octobre au 4 novembre 2004, pp.20-27.
[177] - Le Conseil national de coordination a pu regrouper une trentaine d'associations amazighes, l'ampleur des conflits internes a si vite mis un terme à cette initiative.

visant à troubler l'ordre public[178]. Le premier mai de la même année, sept enseignants militants de l'association Tileli à Goulmima défilaient à l'occasion des manifestations des travailleurs avec des banderoles écrites en tifinagh[179] revendiquant la reconnaissance de la langue amazighe. Accusés d'"atteinte à l'ordre public et à la sécurité intérieure de l'Etat", ils ont été condamnés à deux ans de prison ferme[180].

Cette période a vu aussi la naissance du Mouvement amazigh culturel au sein des universités marocaines, en tant que nouvelle composante de l'Union nationale des étudiants marocains. A travers des manifestations diverses, il tente de sensibiliser et mobiliser les étudiants pour défendre la cause amazighe dans ses différentes dimensions[181].

Face à la remontée des revendications amazighes, feu Hassan II, dans son discours de 20 août 1994, avait appelé à enseigner les dialectes au niveau de l'enseignement primaire. Suite à ce discours, la télévision marocaine a introduit, pour la première fois, un bulletin d'information de 15 minutes en langue amazighe, 5 minutes pour chacune des trois variantes de la langue amazighe.

La publication en mars 2000 du Manifeste amazigh[182]

---

[178] - Agafay Bennana, « Le mouvement culturel amazigh au Maroc », 4 mars 2004, voir le site :
http://www.asays.com/article.php3?id_article=62
[179] - C'est la graphie originale de la langue amazighe, elle date d'au moins 2500 ans. Le tifinagh s'écrit de gauche à droite et en plusieurs versions. La version adoptée par l'IRCAM a obtenu la certification Iso-Unicode.
[180] - Ils ne passeront que 6 mois en prison, après que feu Hassan II ait amnistié tous les prisonniers politiques en 1994.
[181] - Pour plus d'informations sur le mouvement estudiantin amazighe dans les universités, voir Khalid AlMansouri, (entretien), in, Mustapha Antara, l'amazigh et les questions du Maroc actuel, Tarik ibn Ziad, 2006, pp.233- 256.
[182] - Le texte du Manifeste a été rédigé par l'académicien Mohamed Chafik, l'un des grands et fervents défenseurs des droits culturels

a suscité un grand débat politique et intellectuel sur la question amazighe. Ce manifeste historique, qui est devenu un cadre référentiel et un guide théorique pour plusieurs mouvements culturels amazighs, a proclamé neufs revendications :

- L'ouverture d'un débat public national aussi large que possible sur la question amazighe ;
- La reconnaissance constitutionnelle de l'amazigh comme langue nationale officielle ;
- L'instauration d'une politique de discrimination positive au niveau de développement économique et en faveur des régions habitées majoritairement par des populations amazighophones ;
- La mise en œuvre des lois rendant obligatoire l'enseignement de la langue amazighe, et la création des instituts de recherche pour promouvoir la culture amazighe ;
- La réécriture de l'Histoire marocaine et la réforme profonde des programmes d'histoire en vigueur ;
- L'insertion de l'amazigh dans les masse médias officiels ; et la création par l'État d'un corps d'interprètes pour faciliter l'accès des amazighs aux services publics et aux administrations ;
- La valorisation et la promotion des arts amazighs en leur assurant les possibilités de s'épanouir loin du statut folklorique auquel ils ont été réduits depuis longtemps ;
- L'arrêt de l'arabisation touchant les toponymes amazighs ;
- Le soutien des associations amazighes.

Depuis lors, les revendications ont pris un tournant historique, la réclamation de la constitutionnalisation de la langue amazighe est devenue une question récurrente qui interpelle tous les acteurs politiques et intellectuels du pays. Pour canaliser ces revendications, l'Etat marocain a

---

amazighs. Il a été signé par plusieurs universitaires et militants de la cause amazighe.

« *cherché à institutionnaliser la question berbère avec la création de l'IRCAM* »[183]. Plusieurs activistes amazighs ont considéré l'instauration de cette institution comme une stratégie politique visant à contenir et retenir dans certaines limites le mouvement revendicatif amazigh[184].

L'année 2003 a été marquée par l'adoption de la graphie tifinagh pour la transcription de la langue amazighe. En 2004, on a commencé à intégrer la langue amazighe dès la première année du primaire dans 354 établissements scolaires répartis dans 16 régions du royaume. Cette expérience sera généralisée progressivement dans le cadre d'un partenariat entre le ministère de l'éducation national et de l'enseignement supérieur et l'IRCAM.

Jusqu'au aujourd'hui l'expérience de l'enseignement de tamazight s'est soldée par un grand échec, elle s'est heurtée à de multiples difficultés. Une révision radicale de la politique d'enseignement de la langue amazighe est devenue urgente, ce qui nécessite une volonté politique ferme qui œuvre pour la promotion de la culture et de la langue amazighe.

Le dynamisme du mouvement associatif amazigh joue un rôle déterminant dans l'évolution et la promotion des revendications amazighes. Hélas, certaines associations amazighes se sont déviées des revendications culturelles en exploitant la culture amazighe - qui est un bien commun de tous les marocains – à des fins politiques[185].

---

[183] - Benjamin Stora, (entretien), Le Journal hebdomadaire, du 30 octobre au 4 novembre 2004, p.22.
[184] - L'association Tamazgha a considéré dans son Rapport alternatif devant le Comité pour l'élimination de la discrimination raciale en 2003 que « *L'IRCAM constitue un freinage en douceur du mouvement amazigh* ». Le rapport est consultable sur :
http://www.mondeberbere.com/droit/200303cerd62/20030303_cerd_ta mazgha_maroc.pdf
[185] - En fin 2005, certains activistes amazighs ont constitué un parti politique baptisé Parti démocratique amazigh marocain. La cour

B - Une reconnaissance partielle et limitée

Malgré quelques acquis, les réalisations en faveur de la promotion de la culture amazighe restent modestes aux yeux des mouvements défendant la cause amazighe au Maroc. La réalité de cette culture se trouve toujours stagnante, elle ne répond pas aux ambitions et revendications de plusieurs activistes amazighs. La culture et la langue amazighes souffrent toujours de marginalisation et de négligence au niveau politique, éducatif, médiatique et institutionnel.

La politique de l'intégration de la langue amazighe dans l'enseignement s'est avérée défaillante, improvisée, cela est dû à l'absence d'une vision stratégique claire et globale pour insérer la dimension amazighe dans le tissu social, étatique, culturel de la société marocaine. La place de l'amazigh dans l'audiovisuel est très faible, les masses médias sont accaparées par le français et l'arabe. Il y a toujours exclusion, pire encore, "folklorisation systématique " de la culture amazighe dans les masse médias[186], aucune chaîne de télévision n'est encore consacrée à la promotion de cette culture immémoriale du Maroc[187]. L'intégration de l'amazigh dans les medias publics est très faible, malgré l'extension du volume horaire de la radio amazighe, l'émission d'un journal télévisé en amazigh sur 2M, et de quelques programmes en ou sur l'amazighe à la RTM , 2M et Al Maghribia.

La Constitution marocaine reconnaît uniquement la réalité culturelle et linguistique arabe comme constitutive

---

administrative de Rabat a prononcé la dissolution de ce parti en avril 2008 et ce pour sa non-conformité aux lois régissant les partis politiques.

[186] - La musique amazighe est réduite aux danses et chants amazighs classiques qui remontent aux années soixante et soixante dix, toute allusion à des revendications culturelles amazighes est non souhaitable.

[187] - Après un grand retard, et malgré la validation de son cahier des charges par la HACA, la chaîne amazighe tarde à voir le jour.

de l'Etat marocain. Elle soutient que la langue officielle unique est la langue arabe et que le Maroc fait partie intégrante du grand Maghreb arabe. Le préambule de la constitution énonce : « le royaume du Maroc, Etat musulman souverain, dont la langue officielle est l'arabe, constitue une partie du grand Maghreb arabe. Etat africain, il s'assigne, en outre, comme l'un de ses objectifs la réalisation de l'unité africaine ». Ainsi selon la constitution, les éléments constitutifs de l'identité nationale sont : l'Islam en tant que religion officielle de l'Etat, l'arabe comme langue officielle, et l'appartenance au Maghreb arabe et à l'Afrique. Elle refuse ainsi de faire référence à l'identité amazighe qui n'a pas cessé de structurer l'espace humain et culturel des marocains depuis des millénaires. De plus elle refuse de reconnaître la langue amazighe, qui est la langue parlée par une grande partie de la population marocaine, comme une langue officielle.

C'est une négation parait il irrationnel des racines immémoriales de l'identité historique amazighe. Ainsi, l'appartenance identitaire des marocains se trouve réduite à un passé proche qui commence avec la conquête musulmane de l'Afrique du nord.

Il faut rappeler que l'Algérie qui, derrière le Maroc, compte la population berbérophone la plus importante (25% de sa population), a fait quelques efforts pour la réhabilitation et la promotion de la culture amazighe. Ainsi la constitution algérienne de 28 novembre 1996 considère dans son préambule que les composantes fondamentales de l'identité algérienne sont « l'Islam, l'Arabité et l'Amazighité ». Même si l'arabe est reconnu comme langue nationale officielle (art 3), au moins la langue amazighe est constitutionnalisée en vertu de l'article 3 bis en tant que langue nationale : «Tamazight est également langue nationale. L'Etat œuvre à sa promotion et à son développement dans toutes ses variétés linguistiques en usage sur le territoire national ».

Par ailleurs, la Commission spéciale de l'éducation et de la formation qui a été chargée de proposer un plan de réformes du système éducatif marocain, a publié le bilan de ses travaux en octobre 1999, sous la forme d'une Charte nationale de l'éducation et de la formation. Cette Charte prévoit une « ouverture » sur la langue amazighe, mais dans le simple but de faciliter l'apprentissage de la langue officielle (l'arabe)[188], l'objectif est en effet « le renforcement et le perfectionnement de la langue arabe ». Ainsi elle ne prévoit ni l'enseignement du tamazight, ni la formation des enseignants au tamazight, ni l'ouverture sur la culture amazighe. De plus, les dispositions de la dite Charte prévoyant une ouverture sur la langue amazighe sont restées pour l'instant lettre morte.

Il est significatif que tout un arsenal d'instruments juridiques et administratifs consacre la discrimination à l'égard de la culture et la langue amazighes :

- La loi d'unification, de marocanisation et d'arabisation de la justice[189] avait pour but d'uniformiser le système juridique et judiciaire issu du protectorat. En vertu de son article 5, les tribunaux doivent utiliser exclusivement la langue arabe. Dès lors, on impose aux administrations, institutions et autorités publiques d'utiliser la langue arabe dans les délibérations et les correspondances internes et externes.

- La loi concernant le régime fondamental des juges exige seulement la maîtrise de la langue arabe sans l'amazigh pour entrer au cycle des juges[190].

- La loi relative aux avocats exige la connaissance de l'arabe sans l'amazigh pour accéder au cycle des avocats[191].

---

[188] - L'article 115 de cette Charte prévoit la possibilité de « choisir l'utilisation de la langue amazighe ou tout autre dialecte local dans le but de faciliter l'apprentissage de la langue officielle au préscolaire et au premier cycle de l'école primaire ».
[189] - Promulguée par le dahir du 26 janvier 1965.
[190] - La loi n°447-167 du 11/11/74.

- La loi relative aux traducteurs agréés auprès des tribunaux[192] et la décision du ministre de la justice n°03/2185 du 22/12/2003 relative au nombre des sièges à pourvoir pour chaque langue parmi les langues : allemande, portugaise, hollandaise, russe, espagnole, française, anglaise et sans l'amazigh, sachant que les articles 318 et 120 de la procédure pénale permettent aux juges la possibilité de recourir à un traducteur de l'amazigh en arabe devant les juridictions.

- La loi relative à la création de l'instance des huissiers[193] et le décret n°736/2/85 relatif à l'organisation de l'instance des huissiers du 24/12/86 qui exige seulement la connaissance de l'arabe et sans l'amazigh[194].

Cette situation déplorable de la culture et de la langue amazighes a poussé, en février 2005, certains membres de conseil administratif de l'IRCAM à démissionner en signe de protestation contre l'absence de politiques et d'actions capables de concrétiser la promotion de la langue amazighe[195].

---

[191] - La loi n°162/93/1 du 10/09/1993.
[192] - La loi n°00/50 du 22/07/2001.
[193] - La loi n°80/41 en date du 18/12/1980.
[194] - Rapport parallèle du Réseau Amazigh pour la Citoyenneté sur la situation des droits linguistiques et culturels amazighs au Maroc, Le Conseil des droits de l'homme"L'Examen Périodique Universel», 1ère session, Genève, 7-18 avril 2008. Consultable sur le site :
http://www.forumalternatives.org/rac/IMG/pdf_rapport_parallele_au_c onseille_des_droits_humains_avril_2008.pdf
[195] -Dans un communiqué publié le 21/2/2005 les démissionnaires ont justifié leur geste par le fait que la réalité quotidienne de l'amazigh se trouve toujours dans son état d'avant la création de l'IRCAM, et que" *la douloureuse page d'un passé fait de marginalisation, de mépris et de génocide culturel n'est pas encore tournée....*"

C- Vers l'internationalisation de la question amazighe

La création du Congrès mondial amazigh en 1995 a donné un grand souffle à la cause amazighe, la question amazighe n'est plus une affaire purement intérieure qui se différencie d'un pays à l'autre. Les revendications ont pris une dimension transnationale qui dépasse la logique de la souveraineté des Etats.

Le Congrès mondial amazigh est une organisation internationale non gouvernementale qui regroupe une centaine d'associations amazighes d'Afrique du nord et de la diaspora amazighe à travers le monde. Il a pour mission de défendre les droits culturels des amazighs et de procurer une dimension internationale à leurs revendications via la mobilisation des associations amazighes et la sensibilisation de l'opinion publique mondiale. En outre, le Congrès constitue une structure de coordination et de soutien aux actions des mouvements associatifs qui œuvrent pour la consécration des droits culturels amazighs[196]. D'ailleurs les associations amazighes marocaines ont fait montre d'une grande ferveur et enthousiasme au sein du Congrès.

La question amazighe a pris un tournant historique vers l'internationalisation, en devenant une des préoccupations majeures des instances onusiennes des droits de l'homme. Dorénavant, le respect des droits amazighs fait partie inhérente du respect global des droits de l'homme au Maroc, l'Etat est tenu de respecter ses engagements en vertu des conventions internationales des droits de l'homme ratifiées par le Maroc. Dans ce cadre les comités conventionnels de l'ONU n'ont cessé d'exprimer leur inquiétude devant l'état déplorable de la culture amazighe, ils ont à plusieurs reprises appelé les autorités

---

[196] - Le Congrès mondial amazigh est créé en septembre 1995 à Saint - Rome de Dolan en France, son siége se trouve à Paris.

marocaines à manifester plus d'intérêt et plus du respect aux droits culturels amazighs.

Le Comité pour l'élimination de la discrimination raciale, et après l'examen, en mars 2003, des 14, 15 et 16 éme rapports périodiques du Maroc relatifs au respect de ses engagements en vertu de la Convention sur l'élimination de toutes les formes de discrimination raciale[197], a soumis ses observations finales, en recommandant au Maroc en matière de droits culturels de :

- Reconsidérer la situation de la composante amazighe de la population en accord avec les instruments internationaux en matière de droits de l'homme, en vue de garantir aux membres de cette communauté l'exercice de leurs droits à leur propre culture, à l'usage de leur langue maternelle et de préserver et développer leur identité.

- Prendre les mesures appropriées afin que la pratique administrative interdisant l'inscription au registre de l'état-civil des prénoms amazighs soit abandonnée.

- L'insertion plus intense des émissions en langue amazighe dans les programmes des médias publics.

Le Comité a exprimé son inquiétude devant la violation de la liberté de réunion et d'association de certains membres des associations amazighes[198].

---

[197] - Comité pour l'élimination de la discrimination raciale, Nations Unies, Convention internationale sur l'élimination de toutes les formes de discrimination raciale, quatorzième, quinzième et seizième rapports périodiques du Maroc, 31 janvier 2002, CERD/C/430/Add.1,10 juin 2002, 12 p. Consultable sur le site :
http://daccessdds.un.org/doc/UNDOC/GEN/G02/425/16/PDF/G02425 16.pdf?OpenElement

[198] - Observations finales du Comité pour l'élimination de la discrimination raciale, Maroc , Comité pour l'élimination de la discrimination raciale, Nations Unies, Convention internationale sur l'élimination de toutes les formes de discrimination raciale, Soixante-deuxième session, 3-21 mars 2003, , CERD/C/62/CO/5, 5 juin 2003, 3p.Consultables sur le site :
http://daccessdds.un.org/doc/UNDOC/GEN/G03/422/94/PDF/G03422 94.pdf?OpenElement

A cette occasion, la FIDH a présenté un rapport parallèle où elle a soulevé la question de la conformité des dispositions du droit interne et des mesures prises par le gouvernement avec les engagements du Maroc en vertu de la Convention internationale pour l'élimination de toutes les formes de discrimination raciale. Ce rapport a souligné que, malgré la début d'une reconnaissance de la culture amazighe dans le discours officiel marocain, avec la création de l'IRCAM et les références à l'amazighité dans les discours royaux, il y a « *une faible portée des politiques de promotion de la langue et culture amazighes* » et « *la culture amazighe continue d'être marginalisée dans les medias, l'enseignement et l'administration ...la langue amazighe est cantonnée à la sphère privée, la sphère publique étant très largement dominée par l'arabe* »[199].

En 2006, et suite à la présentation de son rapport périodique devant le Comité des droits économiques, sociaux et culturels, le experts de ce Comité ont invité le Maroc à :

- Envisager de consacrer dans la constitution la langue amazighe comme une des langues officielles.

- Prendre les mesures nécessaires pour garantir pleinement à la communauté amazighe son droit à exercer sa propre identité culturelle et permettre aux parents de donner un nom amazigh à leurs enfants.

- Créer des programmes d'alphabétisation en langue amazighe et dispenser un enseignement gratuit de la langue amazighe à tous les niveaux.

Le Comité a manifesté sa préoccupation devant le fait que « *la population amazighe, qui constitue une grande partie de la population du Maroc, se voit refuser l'usage officiel de sa langue maternelle et que le droit des*

---

[199] - *Le Maroc et la question amazighe*, rapport parallèle de la FIDH, 59ème session du Comité pour l'élimination de la discrimination raciale, mars 2003, 15 p.

amazighs à leur identité culturelle n'est pas pleinement respecté »[200].

Lors de la présentation du rapport national en 11 mars 2008 à la 1ère session de l'examen périodique universel, la FIDH et ses organisations membres et partenaires au Maroc, l'OMDH et l'AMDH ont appelé dans leurs recommandations le gouvernement marocain à *« reconnaître la langue amazighe en tant que langue nationale et la constitutionnaliser ; développer l'enseignement de la langue amazighe et d'accorder un enseignement gratuit en langue amazighe à tous les niveaux »*[201].

D- Les enjeux d'un Maroc Pluriel et multiculturel

Une véritable reconnaissance des droits linguistiques et culturels amazighs, une constitutionnalisation de la langue amazighe, une réécriture plus équitable de l'Histoire du Maroc[202], et une mise en œuvre de politiques

---

[200] - Observations finales du Comité des droits économiques, sociaux et culturels, Maroc, Comité des droits économiques, sociaux et culturels, Nations Unies, E/C.12/MAR/CO/2, 4 septembre 2006, 8p. Consultables sur le site :
http://daccessdds.un.org/doc/UNDOC/GEN/G06/440/78/PDF/G0644078.pdf?OpenElement

[201] - La FIDH, « Recommandations au Gouvernement du Maroc à l'occasion de la 1ère session de l'Examen périodique universel », 8/4/2008, consultable sur le site :
http://www.fidh.org/spip.php?article5410

[202] - L'Histoire du Maroc est victime d'une grande mystification et idéologisation des faits historiques. A titre d'exemple l'Histoire officielle, telle qu'elle est enseignée et inculquée aux élèves et étudiants, commence avec la conquête arabe au 7 ème siècle ! Avant ceci il n'y avait qu'une *terrae incognitae* ! Les manuels scolaires de l'Histoire reproduisent généralement des textes dont le contenu est fondé sur l'exclusion ou la marginalisation des faits historiques amazighs. L'Histoire du Maroc antique a été purement et simplement supprimée des programmes de l'histoire. D'ailleurs il faut signaler que l'Histoire des imazighens est confrontée à une anomalie : alors qu'il

réelles pour la consécration de l'identité amazighe du peuple marocain est le bon chemin vers la réconciliation du Maroc avec les fondements historiques, culturels et linguistiques de la nation.

La promotion de la culture et la langue amazighes doit être au fond de la mouvance sociale et du débat public au sein de la société marocaine, et ce à travers :

- L'élaboration d'une culture civique basée sur une citoyenneté consciente et respectueuse de la pluralité culturelle et linguistique , de telle façon que cette diversité soit conçue comme un enrichissement mutuel et un patrimoine commun pour tous et par tous les citoyens marocains ;

- La mise en oeuvre de politiques linguistiques et culturelles démocratiques et équitables fondées sur la reconnaissance et le respect des droits linguistiques et culturels de l'ensemble des composantes culturelles de l'identité marocaine ;

- L'intégration de la question amazighe comme partie intégrante du processus de démocratisation et d'ouverture politique pour l'instauration d'un Etat moderne et démocratique ;

- L'insertion des revendications amazighes parmi les objectifs des politiques publiques de l'Etat au niveau national et local ;

- La mise en place d'une politique de discrimination positive à caractère socioculturel au bénéfice des régions défavorisées et marginalisées habitées par des populations a majorité amazighe.

---

existe des populations, des langues et des arts berbères, qu'il y a eu des principautés, des royaumes et des empires berbères, il n' y a pas d'Histoire berbère. Ce sont toujours les autres qui ont écrit leur Histoire.

- L'institutionnalisation progressive de la culture et la langue amazighes au niveau de l'administration, l'enseignement, les médias publics ;
- La constitutionnalisation de la langue et la culture amazighes en tant que composantes fondamentales de l'identité nationale marocaine ;
- La révision et la relecture de l'Histoire marocaine et la réforme profonde des programmes d'histoire en vigueur dans les établissements d'enseignement; pour y intégrer les dimensions historiques amazighes ;
- La reconnaissance de la pluralité culturelle et linguistique du Maroc ;

L'éveil identitaire durant ces dernières années est le résultat logique d'une longue marginalisation de la culture amazighe et des politiques d'assimilation subies par les amazighs au Maroc. D'ailleurs la question amazighe n'a fait l'objet d'aucun souci national au lendemain de l'indépendance.

L'ouverture politique que vit actuellement le Maroc a encouragé l'émergence d'un grand débat sur l'identité marocaine, lequel pose au fond la question de la diversité culturelle et des droits culturels comme un des enjeux majeurs de la scène politique actuelle. Ceci renvoie « *à la représentation que les marocains se font de leur culture et à leurs attitudes vis-à-vis de la gestion par l'État de dossiers complexes, comme ceux de l'éducation, de la politique linguistique, du patrimoine culturel, de la mémoire collective et de l'histoire officielle de la nation marocaine* »[203].

La culture marocaine est une culture à caractère, pourrait-on dire, « pluri-trans-dimensionnel », elle est complexe, composite et aux affluences civilisationnelles diverses. L'identité marocaine ne peut être fondée sur une seule langue ou culture, mais sur des valeurs communes qui sont issues d'un brassage culturel, social et historique.

---

[203] - Mohamed Sghir Janjar, op.cit., p.46.

La personnalité culturelle marocaine est une construction dont les parties sont intimement liées. Elle se définit par un ensemble de déterminants : la langue et la culture amazighes, la religion islamique, la langue et la culture arabe, elle est renforcée par des apports représentant la culture africaine, le judaïsme, le christianisme , la culture méditerranéenne , la culture andalouse... . Ainsi le Maroc est par excellence un carrefour des civilisations et un lieu de brassage des cultures, sur ces terres se sont croisées différentes cultures, civilisations, religions, langues. Il a connu à travers son histoire millénaire plusieurs invasions et conquêtes (phéniciens, carthaginois, romains, byzantins, vandales, arabes, portugais, français, espagnols...), ce qui explique que son multiculturalisme et son multilinguisme ne peuvent être réductibles à une dimension unique.

Devant le verrouillage médiatique et politique exercé sur la culture amazighe pendant plusieurs années, la dimension amazighe de la culture marocaine a été refoulée et repoussée. Mais la présence de revendications amazighes à travers la musique, la littérature et les recherches académiques et universitaires en France et au Maghreb depuis les années soixante dix a ouvert la voie vers le début d'une réflexion sur la revalorisation de la langue et du patrimoine culturel amazighs. Par ailleurs il faut rappeler que le groupe de la revue « souffles » (Anfas) (Abdellatif laabi , Mohamed Khair Eddine , Mustapha Nissaboury), a crée en 1968 l'Association de recherche culturelle qui a souligné dans sa Charte[204] que « *la culture marocaine a été nourrie non seulement par l'apport arabo-islamique, mais aussi depuis les origines, par d'autres sources, berbères, judaïques, sahariennes, africaines et méditerranéennes. C'est la totalité de ses sources et de ses appartenances qui devait être sollicité lors de l'élaboration*

---

[204] - Publié dans le numéro 12 de la revue Anfas.

de notre culture nationale »[205]. Dans le même sillage Abdelkebir Khatibi dans « Maghreb pluriel » a considéré que la pluralité est le paradigme qui détermine la réalité marocaine : pluralité des structures sociales, des valeurs culturelles, des langues, des patrimoines culturels ....[206].

"Le printemps berbère"[207] d'Algérie en 1980 a joué un rôle important dans l'expansion de la prise de conscience identitaire au Maroc. Cette même année l'association "'Université d'été d'Agadir " a organisé sa première rencontre sur le thème " la culture populaire : l'unité dans la diversité " et c'est la première fois qu'on parle au Maroc de l'identité amazighe et des droits linguistiques, culturels dans une rencontre ouverte[208].

Il s'avère que la réhabilitation de l'héritage amazigh et l'amazighité est une responsabilité nationale dictée par le respect des droits de l'homme et la nécessité d'entreprendre une réconciliation des marocains avec leur histoire et leur identité culturelle. Ceci s'inscrit dans le processus de démocratisation et de reconstruction d'une société moderne respectueuse de ses racines et ouverte sur les différentes cultures du monde.

Il est temps aujourd'hui de cesser ce déphasage insensé entre d'une part l'omniprésence d'une réalité amazighe au niveau humain, social, culturel et linguistique et d'autre part le déni institutionnel, juridique et pratique de cette réalité.

---

[205] - Cité in , Marguerite Rollinde, *Le mouvement marocain des droits de l'homme*, Karthala, Institut Maghreb Europe , Paris , 2002, 155.
[206] - Abdelkébir Khatibi, *Maghreb pluriel*, Denoël, Paris, 1983.
[207] - L'interdiction de la conférence de Mouloud Mammeri, prévue à l'Université de Tizi-Ouzou le 10 mars 1980, a déclenché en Kabylie et puis dans d'autres régions de grandes manifestations réclamant l'officialisation de tamazight et la reconnaissance de l'identité amazighe en Algérie.
[208] - Hacéne Id Belkacem (Entretien), in Marguerite Rollinde, op.cit., p. 421.

Malgré une reconnaissance partielle par l'Etat marocain de la culture amazighe comme une des composantes de l'identité marocaine, il y a encore du chemin à faire pour rendre dignité à la langue et à la culture amazighes. Ce qui est sûr, c'est que l'identité amazighe est devenue une donne incontournable dans le paysage sociopolitique et culturel au Maroc.

Chapitre VII
L'immigration irrégulière et le respect du droit international de l'immigration

Après le durcissement des législations européennes au niveau des politiques migratoires, les migrations vers l'Europe ont pris de nouvelles dimensions. Ces dernières années ont connu un tournant décisif marqué par l'intensification spectaculaire du phénomène de l'immigration irrégulière, surtout à travers les « embarcations de la mort ».

Le Maroc en tant que pays riverain le plus proche de l'Europe se transforme progressivement en un pays de transit et de résidence pour beaucoup des immigrés venus des pays de l'Afrique subsaharienne, et qui traversent le Maghreb pour se rendre en Europe. Chaque jour ou presque, les agents de la sécurité publique arrêtent de nombreux candidats à l'émigration irrégulière. Par conséquent, le Maroc est en train de devenir gendarme de l'Europe, le tampon de sécurité qui doit, avec des moyens financiers et logistiques faibles, contenir et gérer les flux migratoires massifs du Maghreb et d'Afrique sub-saharienne vers l'Europe.

A - La loi n° 02-03 à l'épreuve des droits des immigrés

Afin de répondre aux enjeux et aux problèmes imposés par la croissance du phénomène de l'immigration clandestine, le Maroc a décidé d'actualiser le cadre normatif en matière de migration, aussi a-t-il établi la loi n° 02-03 relative à l'entrée, au séjour des étrangers au Maroc, à l'émigration et à l'immigration irrégulières[209]. Elle est entrée en vigueur à partir du 20 novembre 2003, son objectif est d'harmoniser la législation relative à la migration avec les dispositions du code pénal et de codifier et sanctionner les infractions liées à l'émigration clandestine et au trafic des migrants, mais aussi d'unifier les textes juridiques antérieurs. Ainsi, elle a annulé toutes les législations antérieures réglementant la migration, à savoir :

- Dahir du 15 novembre 1934 réglementant l'immigration en zone française du Maroc ;
- Dahir du 2 janvier 1940 réglementant le séjour de certaines personnes ;
- Dahir du 16 mai 1941 relatif aux autorisations de séjour ;
- Dahir du 17 septembre 1947 relatif aux mesures de contrôle établies dans l'intérêt de la sécurité publique ;
- Dahir du 8 novembre 1949 portant réglementation de l'émigration des travailleurs marocains.

En principe, la loi reconnaît la suprématie du droit international sur les législations nationales, ainsi les dispositions de cette loi seraient applicables sous réserve du respect des conventions internationales ratifiées par le Maroc et publiées dans le bulletin officiel (art 1). Cela constitue un acquis important et un pas de plus vers une reconnaissance véritable de la supériorité du droit international sur les lois nationales. Rappelons que le Maroc est parmi les premiers pays à ratifier la Convention internationale sur la protection des travailleurs migrants et des membres de leurs familles. Ainsi, en tant qu'Etat partie de cette Convention, il a des engagements à respecter à l'égard des immigrés, et il doit harmoniser son arsenal

---

[209] - Dahir n° 1-03-196 du 11 novembre 2003, portant promulgation de la loi n° 02-03 relative à l'entrée et au séjour des étrangers au royaume du Maroc, à l'émigration et l'immigration irrégulières.

juridique relatif à l'immigration avec les normes du droit international de l'immigration.

En général, l'entrée dans le territoire peut être refusée à tout étranger qui pourrait constituer « une menace pour l'ordre public » (art 4, al 3). Pour l'étranger à qui le titre de séjour a été refusé ou à qui on a refusé le renouvellement de ce titre, il peut intenter un recours contre la décision devant le tribunal administratif dans un délai de 15 jours. Ce recours ne suspend pas la prise de la décision de reconduite à la frontière ou de l'expulsion (art 20).

Au niveau des dispositions relatives à la reconduite aux frontières et à l'expulsion, la loi prévoit que la reconduite à la frontière peut être ordonnée par l'administration via une décision motivée, l'étranger qui fait objet d'une telle décision peut, dans les quarante-huit heures suivant la notification, demander au président du tribunal administratif, en sa qualité de juge des référés, de l'annuler. Le président ou son délégué statue dans un délai de 4 jours francs à compter de la saisine et l'étranger peut demander un avocat, un interprète et la communication du dossier contenant les pièces sur la base desquelles la décision attaquée a été prise (art 21,23). Concernant l'expulsion, la loi stipule qu'elle peut être prononcée par l'administration lorsque la présence d'un étranger représente « une menace grave pour l'ordre public »(art 25), et que les étrangers en situation régulière, les femmes étrangères enceintes et les mineurs étrangers ne peuvent faire l'objet d'une décision d'expulsion(art 26). Dans le souci de respecter les engagements internationaux du Maroc au niveau des droits de l'homme, l'article 29 dispose qu' :« aucune femme étrangère enceinte et aucun mineur étranger ne peuvent être éloignés. De même, aucun étranger ne peut être éloigné à destination d'un pays s'il établit que sa vie ou sa liberté y sont menacées ou qu'il y est exposé à des traitements inhumains, cruels ou dégradants ».

Les étrangers qui font objet d'une décision d'expulsion ou de reconduite à la frontière, et qui ne peuvent quitter immédiatement le territoire marocain, sont maintenus - le temps nécessaire pour leur départ - dans des locaux ne relevant pas de l'administration pénitentiaire et ils sont informés de leurs droits immédiatement après leur transfert dans ces locaux (art 34). Le procureur général est tenu de visiter et de vérifier les conditions du maintien de ces étrangers (art 36).

Il est significatif que la grande partie de la loi (art 42 à 56) soit consacrée aux dispositions pénales qui prévoient des peines répressives à certaines infractions relatives à l'émigration irrégulière. Citons par exemple :

- Une amende de 2000 à 20000 dirhams et un emprisonnement de 1 à 6 mois ou de l'une de ces deux peines seulement pour la personne qui a pénétré ou a tenté de pénétrer sans document de voyage valide ou s'est maintenue sur le territoire au-delà de la durée autorisée par son visa. En cas de récidive la peine est doublée.

- Une amende de 5000 à 30.000 dirhams et un emprisonnement d'un mois à un an, ou l'une de ces deux peines seulement pour les étrangers qui résident au Maroc sans être titulaires de la carte d'immatriculation ou de la carte de résidence. La peine est doublée en cas de récidive.

- Une amende de 3000 à 10.000 dirhams et un emprisonnement d'un mois à six mois ou l'une de ces deux, pour les personnes qui quittent le territoire marocain d'une façon clandestine en utilisant des moyens frauduleux au moment de la traversée des frontières terrestres, maritimes ou aériennes.

Cependant, on ne peut que se réjouir des dispositions de cette loi, lesquelles durcissent les sanctions pour réprimer et punir les agents publics, les trafiquants et les réseaux criminels qui facilitent ou organisent l'immigration clandestine. Ainsi la loi prévoit :

- Une amende de 5000 à 10000 dirhams par passager pour le transporteur ou l'entreprise de transport qui débarque sur le territoire marocain un étranger dans une situation irrégulière.

- Un emprisonnement de six mois à trois ans et une amende de 50.000 à 500.000 dirhams, pour les personnes qui organisent ou facilitent l'entrée ou la sortie des nationaux ou des étrangers de manière clandestine du territoire marocain. Ils sont punis de la réclusion de dix ans à quinze ans et d'une amende de 500.000 à 1.000.000 de dirhams lorsque les faits précités sont commis de manière habituelle.

- Un emprisonnement de deux ans à cinq ans et une amende de 50.000 à 500.000 dirhams, pour les fonctionnaires publics qui facilitent l'immigration clandestine.

- Réclusion de dix ans à quinze ans et une amende de 500.000 à 1.000.000 de dirhams pour les personnes appartenant à une organisation créée dans le but d'organiser ou faciliter l'immigration clandestine à partir du territoire marocain. (art 52 para 3). S'il résulte du transport des immigrés irréguliers une incapacité permanente, la peine est de quinze à vingt ans, et la peine est la réclusion perpétuelle lorsqu'il en résulte la mort.

- La confiscation des moyens de transport utilisés pour faciliter l'immigration clandestine[210].

B- L'immigration clandestine : approche sécuritaire

Il est regrettable que la loi marocaine prévoie des peines lourdes contre les immigrés entrés irrégulièrement ou ceux qui essaient d'émigrer illégalement du Maroc. La vision sécuritaire est fortement présente, elle se fait l'écho des mesures restrictives des politiques migratoires

---

[210] - Pour plus de renseignements sur le contenu de la loi 02-03, voir : Khadija Elmadmad, *La nouvelle loi marocaine du 11 septembre 2003*, Institut universitaire européen, Commission européenne Europe Aid, Centre Robert Schuman, 2004.

européennes qui tentent de répondre aux flux migratoires en déléguant la responsabilité de bloquer ces flux aux Etats de transit.

La loi 02-03 insiste dans plusieurs articles sur la nécessité de respecter les engagements internationaux du Maroc en matière des droits de l'homme. Par exemple, en cas de maintien des étrangers, la loi prévoit plusieurs garanties : motivation de la décision de maintien, révision de la décision par les autorités judiciaires, limite temporelle du maintien, registres des personnes retenues, information du procureur du roi qui est tenu de se déplacer sur les lieux et de vérifier les conditions de leur maintien, assistance d'un interprète, d'un médecin, et d'un avocat (art 34, 35,36). De même, l'article 29 affirme qu'aucune femme étrangère enceinte et aucun mineur étranger ne peuvent être éloignés, et qu'aucun étranger ne peut être éloigné à destination d'un pays s'il établit que sa vie ou sa liberté y sont menacées ou qu'il y est exposé à la torture et à des traitements inhumains ou cruels.

Néanmoins, cette loi tend à privilégier une approche policière et sécuritaire. Comme c'était le cas pour la loi antiterroriste, elle a été élaborée hâtivement dans le contexte des événements terroristes de Casablanca, et sans concertation avec les associations de défense des droits de l'homme[211]. Raison pour laquelle elle souffre d'un aspect très répressif et très autoritaire à l'égard des migrants illégaux, et d'un silence sur le droit protecteur des migrants[212]. En fait, elle ne traite pas des modalités juridiques de l'émigration régulière, mais elle se concentre surtout sur la pénalisation de l'émigration clandestine. A ce niveau, les sanctions sont d'une rigueur excessive et, en contrepartie, il y a une absence quasi-totale des garanties

---

[211] - Ce n'est pas un hasard si les deux lois ont été adoptées à la même date par le gouvernement marocain et soumises simultanément aux deux chambres parlementaires.
[212] - Khadija Elmadmad, op.cit, p.6.

juridiques visant la protection des migrants clandestins contre tous les abus commis contre eux.

En effet, elle comporte plusieurs dispositions qui portent atteinte à plusieurs droits et libertés essentielles, en plus des peines lourdes contre les immigrés clandestins qui entrent au Maroc ou tentent d'émigrer du Maroc. Plusieurs articles énoncent l'interdiction d'entrée des étrangers au Maroc, le refus de délivrance d'un titre de séjour, le retrait de ce titre, la rétention des étrangers en zone d'attente en attendant leur conduite aux frontières, et cela sans leur garantir le droit de recours effectif pour défendre leurs droits. Par exemple l'étranger qui fait objet d'une décision de reconduite à la frontière dispose seulement de 48 heures pour présenter un recours et demander l'annulation de cette décision, ce qui est tout à fait insuffisant pour la préparation du recours, étant donné que l'intéressé se trouve dans un pays étranger dont il ne connaît pas la langue, la législation et les procédures à accomplir[213]. En outre, la loi utilise des expressions vagues et confuses telles que « menace pour l'ordre public » (art 4, 14,16, 17,21), « menace d'une particulière gravité pour l'ordre public » (art 35), « nécessité impérieuse pour la sûreté publique » (art 27), « trouble de l'ordre public » (art 40), «impératifs découlant de la sécurité et de l'ordre public » (art 42). Au nom de ces notions, on justifie plusieurs violations des droits des migrants, et quelques fois, même s'ils sont en situation régulière au Maroc. Par exemple, l'article 40 stipule que le visa touristique régulier est annulé « s'il existe des indices concordants permettant de

---

[213] - Voir rapport de la rapporteuse spéciale sur les droits de l'homme des migrants, rapport sur sa visite au Maroc du 19 au 31octobre2003, Conseil économique et social, Commission des droits de l'homme, soixantième session, p.22. E/CN.4/2004/76/Add.3, §.59. Consultable sur le site :
http://www.unhchr.ch/Huridocda/Huridoca.nsf/TestFrame/268978e366f9a375c1256e78002fc416?Opendocument

présumer que l'intéressé est venu au Maroc pour s'y établir, ou si son comportement trouble l'ordre public ».

Ainsi, la violation des règlements régissant l'immigration fait l'objet de poursuites pénales ou administratives, mais afin de respecter l'esprit des droits de l'homme, les sanctions contre les immigrés irréguliers devraient être établies dans le but de décourager les immigrations irrégulières. La détention des immigrés irréguliers ne devrait pas avoir un caractère punitif, ce ne sont ni des criminels ni des terroristes mais des êtres humains qui fuient la pauvreté et quelques fois la répression et les guerres, et qui veulent travailler en Europe pour subvenir à leurs besoins, améliorer leur niveau de vie et venir en aide à leurs familles. Par conséquent, ils doivent être traités humainement et dans le respect absolu de leurs droits.

La lutte contre l'immigration irrégulière est indispensable. Le Maroc, qui est devenu un pays de transit par excellence, tente avec peu de moyens financiers et logistiques de faire de son mieux pour réguler les flux migratoires. Cependant, un Etat de droit se doit de respecter ses engagements internationaux, notamment au niveau du respect des droits de l'homme. Il est regrettable que les rédacteurs de la loi 02-03 semblent avoir négligé partiellement ces engagements, de telle sorte que certaines dispositions de cette loi renient la ratification par le Maroc de la Convention internationale sur la protection des droits de tous les travailleurs migrants[214]. Plusieurs acteurs de défense des droits de l'homme considèrent la loi 02-03 comme un instrument juridique qui légalise la pénalisation des migrants clandestins, leur expulsion et leur reconduite aux frontières. Elle est synonyme d'un recul des droits de l'homme et de retour de la hantise sécuritaire, après une nette amélioration de la situation des droits humains au Maroc dans les dernières années. Certains observateurs ont

---

[214] - Le Maroc l'a ratifiée le 14 juin 1993.

même proclamé l'annulation de la dite loi en raison de sa non-conformité avec les engagements de l'Etat marocain relatifs aux standards internationaux des droits de l'homme.

En fait, la loi ne comprend pas des engagements de la part du pays d'accueil en tant que pays protecteur des migrants, cela est en contradiction avec les dispositions de la Convention fixant tout un ensemble de droits précis dont bénéficient les migrants et qui garantissent le respect de leurs dignité humaine (art.16, 17,18, 22, 24,25,...). Il est nécessaire de garantir juridiquement à tous les migrants le droit à la liberté et la sécurité de leur personne, le droit à la protection effective de l'Etat contre la violence, les dommages corporels, les menaces et intimidations, que ce soit de la part des fonctionnaires ou des particuliers, des groupes ou d'institutions, l'interdiction de la détention arbitraire, l'interdiction de l'expulsion collective.... D'ailleurs, et comme l'a constaté la rapporteuse spéciale sur les droits des migrants, la loi susmentionnée, même si elle affirme que les femmes étrangères enceintes, et les étrangers mineurs ne font pas l'objet d'une décision d'expulsion, elle ne comporte pas des garanties spéciales et des procédures à adopter pour les protéger[215], et ne définit pas s'ils sont placés dans une condition de maintien ou assignés à domicile, ou si des mesures de protection sont adoptées à leur égard[216].

C'est au niveau de la procédure de l'expulsion que se manifeste le déficit de la loi 02-03. En effet l'article 22 de

---

[215] - La législation espagnole prévoit la réintégration des mineurs étrangers non accompagnés dans leurs pays d'origine ou dans le lieu de résidence de leurs familles, le cas échéant, ils restent en Espagne sous la tutelle de l'administration publique, après neuf mois ils peuvent obtenir un permis de résidence temporelle.
[216] - Le rapport de la Rapporteuse spéciale sur les droits de l'homme des migrants, op.cit, p.23-24.

la Convention interdit les mesures d'expulsion collective[217] et impose aux Etats parties d'examiner chaque cas d'expulsion d'une façon individuelle, il prévoit aussi des garanties à fin de protéger les droits des expulsés : l'expulsion ne peut se faire que par une décision motivée et notifiée par écrit et prise par l'autorité compétente, les expulsés ont droit de demander la suspension de la décision et de réexaminer leurs cas, le droit de demander des réparations en cas d'annulation d'une décision déjà exécutée.... Par ailleurs, plusieurs législations nationales et la jurisprudence internationale s'accordent sur le principe que le droit d'expulsion n'est pas un droit absolu de l'Etat, et toute expulsion d'un étranger doit être motivée et justifiée[218]. Hélas ! Il s'avère que le législateur marocain n'a pas tenu compte de toutes ces considérations, et de ce fait, les articles 25 à 33 de la loi 02-03 ne traduisent nullement le souci de préserver la dignité et les droits des étrangers pendant leur expulsion et par conséquent ils ne répondent pas aux engagements internationaux du Maroc en matière de respect des droits de l'homme. Il en résulte que cette loi est, comme l'a bien remarqué Driss Elyazami, « *en contradiction flagrante avec la Convention internationale pour la protection des travailleurs immigrés...alors que le Maroc lui-même demande que ses*

---

[217] - L'expulsion collective est aussi interdite par l'article 4 du protocole n° 4 de la Convention européenne de sauvegarde des droits de l'homme.

[218] - Selon le rapporteur spécial des Nations Unies Maurice Kamto, au nom de « standard minimum » de respect des droits de l'homme, les migrants ont le droit de bénéficier d'un minimum de garanties, la dignité de l'étranger en état d'expulsion constitue un des standards garantis par le droit international. Maurice Kamto, rapporteur spécial, rapport préliminaire sur l'expulsion des étrangers, Commission du droit international, A/cn.4/554. p.7 et 9.
Voir aussi, Pierre Marie Dupuy, *Droit international public*, Paris, Dalloz, 2004, p.131.

ressortissants établis à l'étranger bénéficient des droits garantis par cette Convention »[219].

C- La réalité choquante de l'immigration clandestine

Il faut reconnaître l'existence d'un décalage et d'un déphasage entre le cadre juridique régissant l'émigration et la réalité dure des flux migratoires au Maroc, avec tous les problèmes qui en découlent. Les locaux administratifs non pénitentiaires prévus par la loi 02-03 pour le maintien des étrangers dans l'attente de la reconduite ou l'expulsion n'existent pas jusqu'à maintenant, les immigrés sont dans plusieurs cas entassés jusqu'à leur reconduite à la frontière maroco-algérienne et abandonnés dans un *no man's land* [220].

Ceci constitue une violation grave des dispositions du Pacte international relatif aux droits politiques et civils[221], notamment l'article 6 qui garantit le droit à la vie et l'article 10 qui dispose que « toute personne privée de sa liberté est traitée avec humanité et avec le respect de la dignité inhérente à la personne humaine »[222].

L'organisation Médecins sans frontières a été témoin de plusieurs violations des droits des migrants au Maroc,

---

[219] - Driss Elyazami, « *Maroc : éviter la tentation autoritaire* », lettre de la FIDH, n° 64, avril/mai 2003, p.3

[220] - Le Rapport sur l'établissement des faits relatifs aux événements de l'immigration illégale reconnaît que « les candidats à l'émigration clandestine, à partir de l'ensemble du nord marocain, sont déplacés par autocars en direction de la frontière algérienne. Ils sont laissés dans un no man's land compris entre Oujda et Maghnia ». Voir : CCDH : Rapport sur l'établissement des faits relatifs aux événements de l'immigration illégale, événements de Ceuta et Melilia durant l'automne 2005, 2007, p. 29.

[221] - Le Maroc a ratifié le Pacte international relatif aux droits civils et politiques le 27 mars 1979.

[222] - Médecins sans frontières, « *violence et immigration* », Rapport sur l'immigration d'origine subsaharienne en situation irrégulière au Maroc, MSF- Espagne, septembre2005, p.13. Consultable sur : http://www.libertysecurity.org/IMG/pdf/RapportMSFISS2005.pdf

mais aussi en Espagne, telles que la reconduite à la frontière des femmes enceintes, des mineurs, et des personnes gravement malades, ils y sont abandonnés malgré les recours auprès des autorités compétentes à fin de les libérer pour des raisons médicales et humaines[223]. Cela a été confirmé par le rapport de la rapporteuse spéciale des droits des migrants lors de sa visite au Maroc en octobre 2003. Un autre rapport réalisé en 2004 a souligné aussi de graves violations commises à l'encontre des migrants subsahariens et a exigé que soient cessées les expulsions collectives et qu'on respecte le droit de chacun à un traitement individuel de sa situation, et ce en vertu du droit international de l'immigration[224]. D'autre part, l'AMDH a constaté dans son rapport annuel 2004 que, pour les migrants en situation irrégulière au Maroc, « *dans les cas ou ils sont arrêtés, leurs procès n'offrent pas les conditions d'un jugement équitable et juste durant les différentes étapes, ils sont ensuite conduits aux frontières sans prendre en considération l'âge des trop jeunes, ni les conditions des femmes enceintes, abandonnés dans des conditions dégradantes sans ressources et exposés à tous les dangers* »[225].

Il faut rappeler qu'à la fin de septembre et le début octobre 2005, pendant des tentatives de franchissement des grillages des frontières maroco-espagnoles à Ceuta et à Melilla, 14 personnes sont mortes, beaucoup des émigrés ont été gravement blessés du fait de l'usage disproportionné de la force de la part des forces de sécurité espagnoles et marocaines. Suite à ces événements

---

[223] - Ibid, p.14.
[224] - Rapport « *Gourougou, Belyounes, Oujda, la situation alarmante des migrants subsahariens en transit au Maroc* », Anne Sophie Wender, Services des Solidarités Internationales, Cimade, octobre, 2004. Consultable sur :
http://www.cespi.it/migraction2/FrontSud/rapport%20CIMADE.pdf
[225] - Rapport annuel de l'AMDH sur la situation des droits humains au Maroc, 2004.

lamentables, un nombre important d'immigrants a été arrêté et transféré aux frontières maroco-algériennes, où ils sont abandonnés en plein désert. En agissant ainsi, le Maroc viole non seulement ses engagements internationaux en vertu de la Convention internationale pour la protection des travailleurs immigrés, mais aussi la loi 02-03. Les autorités marocaines ont instauré une commission d'enquête officielle qui a publié son rapport après 18 mois de ces événements dramatiques. Ce rapport reconnaît « *l'inexistence de véritable accompagnement et de gestion de la question de la clandestinité en dehors du volet sécuritaire avec contrôle, arrestation et reconductions à la frontière* »[226]. Cependant, il est déplorable que le rapport ait privilégié une approche sécuritaire de la question de l'émigration clandestine, et ce au détriment du respect des droits humains. D'ailleurs la commission d'enquête n'a pas visité tous les lieux des faits et n'a pas mené des entretiens avec les immigrés subsahariens clandestins qui sont les plus concernés par cette enquête. De plus le rapport contient des données contradictoires sur plusieurs faits relatifs à l'émigration clandestine notamment la question des refoulements[227].

---

[226] - Rapport sur l'établissement des faits relatifs aux événements de l'immigration illégale, événements de Ceuta et Melilla..., op.cit, p.37.
[227] - Le Rapport considère qu'il « s'agit dans la majorité des cas d'opérations de retour librement consenti » (p.29), « Quant au lieu de chute, perçu et décrié par une certaine presse comme « le désert » dans lequel auraient été abandonnés les subsahariens, il ne s'agit en réalité que d'une zone frontalière de surcroît habitée, en l'occurrence, Ain Chouater » (p.30), il affirme « les candidats à l'émigration clandestine, à partir de l'ensemble du nord marocain, sont déplacés par autocars en direction de la frontière algérienne .Ils sont laissés dans un *no man's land* compris entre Oujda et Maghnia » (p.29), puis il déclare qu' « il y a lieu à l'avenir d'éviter ce type de « ratage » qui donne l'impression de « déportations », avec tout ce que le mot peut supposer comme charge négative. L'image réelle ou fantasmée, du subsaharien livré, sans provisions, au désert fut désastreuse pour la dignité de notre pays » (p.31).

Il s'avère que le Maroc qui se trouve contraint, avec si peu de moyens financiers, de jouer le rôle de gendarme de l'Europe, ne peut pas à lui seul réguler les flux migratoires subsahariens. Le fait de déléguer la responsabilité de contrôler et refouler les migrants aux Etats transit relève d'une politique migratoire irresponsable et inacceptable. En réalité, l'approche sécuritaire du problème de l'immigration a prouvé ses limites dans la mesure où elle favorise le non respect des dispositions du droit international de l'immigration.

Le phénomène de l'immigration irrégulière doit être examiné dans une vision vaste qui englobe non pas seulement les mesures répressives mais aussi des politiques pour protéger les immigrés en tant qu'êtres humains victimes de l'immigration. Il est temps de dépasser l'approche juridique et sécuritaire pour se focaliser sur la dimension humaine, sociale et économique de la question migratoire. Les pays de l'Union européenne doivent assumer leur responsabilité pour une gestion plus efficace des flux migratoires vers l'Europe. La lutte contre l'émigration irrégulière doit faire partie intégrante d'une stratégie globale de coopération internationale et de co-développement afin que les flux migratoires se convertissent en un facteur de solidarité et de progrès social et économique.

Conclusion

Le Maroc a largement progressé en matière du respect des droits de l'homme, en un temps relativement court, il a réussi à se convertir d'un pays méconnaissant les droits de l'homme en un pays modèle dans le monde arabo-musulman et en Afrique en matière de la promotion et du respect des droits humains. La période qui s'ouvre actuellement est pleine de promesses, mais aussi d'incertitudes. Le retour fort de l'approche sécuritaire, lors des protestations sociales ces dernières années, renforce et ravive les pires craintes. Le Maroc a besoin de mobiliser toutes ses énergies pour répondre aux enjeux et affronter les défis à venir. Les grandes échéances renvoient aux principales carences de la société marocaine, à savoir la pauvreté, l'emploi, la santé et l'éducation.

Malgré les changements positifs significatifs dans la voie du renforcement des garanties des droits de l'homme, on constate toujours des défaillances apparentes auxquelles il faut remédier. Les défis à relever sont immenses : la lutte contre la pauvreté et l'exclusion sociale, les réformes constitutionnelles, le renforcement de l'Etat de droit et de la citoyenneté, le démantèlement de l'autorité du Makhzen, la lutte contre la corruption et la bureaucratie, la consécration de l'indépendance de la magistrature....

Toutefois, « *il faut être aveugle pour ne pas percevoir que les marocains ont relevé la tête, gagné en liberté à l'intérieur d'eux-mêmes et commencé à rejeter les chaînes de la peur et du fatalisme. Alors que les conditions matérielles des plus démunis restent inchangées et que l'enfer du quotidien, donc du présent, broie leur vie, ils sentent que l'avenir redevient possible* »[228].

---

[228] - Abdellatif Laabi cité in, Ignacio Ramonet, « *le Maroc indécis* », le Monde Diplomatique, juillet 2000.

Le pays est appelé à s'interroger sur les entraves au développement ainsi que sur les moyens à travers lesquels il peut répondre aux nouveaux défis relatifs à la lutte contre la pauvreté et contre la marginalisation. Il faut reconnaître l'ampleur des problèmes socioéconomiques qui empêchent la réalisation efficace de développement humain[229]. Dans ce cadre, S.M Mohamed VI a lancé « *l'Initiative nationale pour le développement humain* » afin de lutter contre la misère sociale. Dans ce sens, la publication en 2005 du rapport « *50 ans de développement humain au Maroc et perspectives pour 2025* » vient de donner un grand élan aux chantiers entamés pour concrétiser les droits économiques et sociaux des citoyens marocains.

Malgré un bilan globalement mitigé, la situation des droits de l'homme connaît une évolution positive et constructive. Le Maroc a progressivement réalisé, depuis une dizaine d'années, des progrès importants en matière des réformes démocratiques et du respect des droits de l'homme. Ceci n'empêche qu'il y a encore des défis à relever et beaucoup de déficiences et d'insuffisances et il faut donner un sérieux coup d'accélération aux réformes pour concrétiser l'Etat de droit et le règne des droits humains.

La force du Maroc consiste dans le fait d'avoir ouvert un débat transparent sur les violations du passé pour se réconcilier avec le présent, tout en gardant une vision tournée vers l'avenir. Le pays a une grande volonté de se projeter dans l'avenir, en conjuguant les efforts pour promouvoir le développement social et économique en tant que base fondamentale pour jouir de tous les droits de l'homme.

---

[229] - En 2005, le Maroc a été classé au 124 rang de l'indice de développement humain au niveau mondial.

BIBLIOGRAPHIE

- **Ouvrages :**

- Ahmed Chaoiki Benayoub, Instance indépendante d'arbitrage, publications du Centre de documentation, information et de formation en droits de l'homme, 2004.(en langue arabe).

- Ahmed Boukous, Société, langues et cultures au Maroc : enjeux symboliques, Rabat, publications de la faculté des lettres de Rabat, Casablanca, Najah El Jadida, 1995.

- Antoine Sanguinetti,(sous la dir), Le livre blanc sur les droits de l'homme au Maroc, Ligue des droits de l'homme, Etudes et documentation internationales, Paris, 1991.

- Bernard Cubertafond, La vie politique au Maroc, L'Harmattan, 2001.

- Driss Basri, Michel Rousset et Georges Vedel, sous (la dir), Le Maroc et les droits de l'homme, positions, réalisations et perspectives, l'Harmattan, Paris, 1994.

- Gilbert Grandguillaume, Arabisation et politique linguistique au Maghreb, Maisonneuve et Larose, Paris, 1983.

- Julie Combe, La condition de la femme marocaine, L'Harmattan, Paris, 2001.

- Khadija Elmadmad, La nouvelle loi marocaine du 11 septembre 2003, Institut universitaire européen, Commission européenne , Europe Aid, Centre Robert Schuman, 2004.

- Lahsen Brouksy, Makhzénité et modernité : révolution tranquille d'un roi, El Maarif Aljadida, Rabat, 2002.

- Marguerite Rollinde, Le mouvement marocain des droits de l'homme, kathala- Institut Maghreb- Europe, Paris, 2002.

- Mohamed Sghir Janjar, Rabia Naciri et Mohamed Mouaquit, Développement démocratique et action associative au Maroc, Droits et démocratie et Espace associatif, Centre international des droits de la personne et du développement démocratique, 2004.

- Mohand Akli Haddadou, Le guide de la culture berbère, ed. Paris-Méditerranée, 2000.

- Mustapha Antara, L'amazigh et les questions du Maroc actuel, Tarik ibn Ziad, 2006.

- Pierre Vermeren , le Maroc en transition , La Découverte , Syros, Paris, 2001.

- Rachida Cherfi, Le Makhzen politique au Maroc, Afrique Orient, Casablanca, 1988.

- Sietske De Boer, Années de plomb, chronique d'une famille marocaine, Le Fennec, Casablanca, 2005.

- Yves Cailleux, Le royaume des défis, ed Kayak, 2002.

- Zakya Daoud, Féminisme et politique au Maghreb, Eddif, 1996.

- Articles :

- Abderrahim Lamchichi, « De formidables défis pour le jeune roi Mohamed VI », Confluences Méditerranée, n.31, automne 1999.

- Abrous D. et Claudot-Havad H., «Imazighen du nord au sud: des ripostes différentes à une même négation», Annuaire d'Afrique du nord, 1999.

- Ali Elsarafi, « Tour de vis sécuritaire au Maroc », Le Monde Diplomatique, juillet 2003.

- Benjamin Stora , (entretien), Le journal hebdomadaire, du 30 octobre au 4 novembre 2004.

-Benjamin Stora, « Maroc, le traitement des histoires proches », Esprit, août/septembre 2000.

- Driss Bennani, « IER world tour », Revue Tel Quel, 11au 17 février 2006.

- Driss Benzekri, (entretien), Le Monde, 13 avril 2005.

- Driss Benzekri, (entretien), Radio France Internationale, le 12 janvier 2006.

- Driss Benzekri (entretien), J.A/ L'Intelligent, n° 2350, du 22 au 28 janvier 2006, p. 48.

- Driss Elyazami,(entretien), L'Intelligent, n°2293, du 19 au 25 décembre 2004.

- Driss ELYAZAMI, « Maroc : éviter la tentation sécuritaire », Lettre de la FIDH, n°64, avril/mai 2003.

- Driss Ksikes, « Au delà de l'émotion », Tel Quel, 25 decembre2004 au 7 janvier 2005.

- Florence Beaugé, « Maroc : le travail de mémoire sur les années de plomb se prolonge », le Monde, 13 avril 2005.

- Ignacio Ramonet , « Le Maroc indécis », le Monde Diplomatique, juillet 2000.

- Jean Claude Santucci , (entretien), Le journal, n° 120, du 12 au 18 juillet 2003.

- Jean- Claude Santucci, « Etat de droit et droits de l'homme au Maroc, réflexions à propos du conseil consultatif des droits de l'homme», Annuaire de l'Afrique du Nord, Tome XXXIV, CNRS éditions, 1995.

- Jean Pierre Tuquoi, « Le Maroc s'efforce de tourner la page des « années de plomb », le Monde, 16 décembre 2004.

- Karim Boukhari, « Les bonnes feuilles du rapport de l'IER », Tel Quel, 24 décembre au 6 janvier 2006.

- Karim Boukhari,Driss Ksikes, « La carte des maisons de torture », Tel Quel, 12 au 18 février 2005.

- Khalid Naciri, « Les organisations marocaines de défense des droits de l'homme», in Driss - Basri,Michel Rousset et Georges Vedel, Le Maroc et les droits de l'homme, positions, réalisations et perspectives, sous (dir), l'Harmattan, Paris, 1994, pp.449-472.

- Laetitia Grotti, « L'histoire en direct », Tel Quel, 25 décembre 2004 au 07 janvier 2005.

- Mohamed Mouaquit, « Le mouvement des droits de l'homme au Maroc, du Makhzen à l'Etat de droit », Annuaire de l'Afrique du Nord, tome XXXIV, 1995, CNRS Editions.

-Remy Leveau, « Réussir la transition démocratique au Maroc », Le Monde Diplomatique, novembre 1998.

- Younes ALAMI, « Presse-pouvoir : les nouvelles règles », Le journal Hebdomadaire, du 31 décembre au 6 janvier 2006.

-Younes Alami, Omar Brouksy, Nadia Hachimi Alaoui, « que veulent les berbères ? », (dossier spécial), le journal hebdomadaire du 30 octobre au 4 novembre 2004.

-Younes Alami, Ali Amar, « Une réconciliation si fragile au Maroc », le Monde Diplomatique, avril 2005.

- La Revue marocaine d'administration locale et de développement,(REMALD), spécial :la protection des droits de l'homme entre la législation interne et le droit international, série « thèmes actuels », n.26,2001.

- La Revue marocaine d'administration locale et de développement, spécial : le nouveau concept de l'autorité, série « thèmes actuel », n.25, 2001.

- Dossier spécial sur l'IER, l'Intelligent, n°. 2293, du 19 au 25 décembre 2004.

- Dossier spécial, « Torture, enlèvements, détention secrète, le rapport qui accable », Tel Quel, 07-13 février 2004.

- Joël Donnet, « Après deux mille ans de mépris, Renaissance berbère au Maroc », Le Monde Diplomatique, janvier 1995, p.18.

- **Rapports :**
Rapports nationaux :

- Rapport sur la situation des droits de l'homme au Maroc 2003, Conseil consultatif des droits de l'homme, Omnia, Rabat, 2004.
- Rapport annuel sur la situation des droits de l'homme au Maroc 2004, Conseil Consultatif des droits de l'homme.
- Rapport annuel sur la situation des droits de l'homme au Maroc, Années 2005 et 2006, Conseil consultatif des droits de l'homme, 2007.
- Rapport sur le bilan d'activité de Diwan Almadhalim 2004 et 2005. Consultable sur le site :
http://www.diwan-almadhalim.ma/admin/download/upload/rapport2004-2005-fr.pdf
- Rapport final de l'IER, 6 livres, Annajah aljadida, Casablanca, 2006. (En langue arabe).
- Synthèse du rapport final de l'IER, Annajah aljadida, Casablanca, 2006.
- Rapport sur l'établissement des faits relatifs aux événements de l'immigration illégale, événements de Ceuta et Melilia durant l'automne 2005, Conseil consultatif des droits de l'homme, 2007.
- Rapport annuel de l'AMDH, sur la situation des droits humains au Maroc 2004.
- Instruments internationaux relatifs aux droits de l'homme ratifiés par le Maroc, Centre de documentation, d'information et de formation en droits de l'homme, Rabat, 2000.
- Rapport parallèle du Réseau amazigh pour la citoyenneté sur la situation des droits linguistiques et culturels amazighs au Maroc, Le Conseil des droits de l'homme "L'Examen Périodique Universel», 1ère session, Genève, 7-18 avril 2008. Consultable sur le site :
http://www.forumalternatives.org/rac/IMG/pdf_rapport_parallele_au_conseille_des_droits_humains_avril_2008.pdf

- **Rapports des Nations Unies :**

- Rapport de la Rapporteuse spéciale sur les droits de l'homme des migrants, rapport sur sa visite au Maroc du 19 au 31octobre2003, Conseil économique et social, Commission des droits de l'homme, soixantième session, p.22. E/CN.4/2004/76/Add.3. Consultable sur le site :
http://www.unhchr.ch/Huridocda/Huridoca.nsf/TestFrame/268978c366f9a375c1256e78002fe416?Opendocument
- Comité pour l'élimination de la discrimination raciale, Nations Unies, Convention internationale sur l'élimination de toutes les formes de discrimination raciale, quatorzième, quinzième et seizième rapports périodiques du Maroc, 31 janvier 2002,CERD/C/430/Add.1,10 juin 2002,12p. Consultable sur le site :
http://daccessdds.un.org/doc/UNDOC/GEN/G02/425/16/PDF/G0242516.pdf?OpenElement
- Observations finales du Comité pour l'élimination de la discrimination raciale, Maroc , Comité pour l'élimination de la discrimination raciale, Nations Unies, Convention internationale sur l'élimination de toutes les formes de discrimination raciale, Soixante-deuxième session, 3-21 mars 2003, , CERD/C/62/CO/5, 5 juin 2003.Consultables sur le site :
http://daccessdds.un.org/doc/UNDOC/GEN/G03/422/94/PDF/G0342294.pdf?OpenElement
- Conclusions et recommandations du Comité contre la torture, Maroc, trente unième session, 10-21 novembre 2003, CAT/C/CR/31/2, 5 février 2004.Consultable sur le site :
http://www.universalhumanrightsindex.org/documents/828/471/document/fr/doc/text.doc
- Observations finales du comité des droits de l'homme, Quatre-vingt-deuxième session, 01/12/ 2004, CCPR/CO/82/MAR.
http://www.unhchr.ch/tbs/doc.nsf/(Symbol)/CCPR.CO.82.MAR.Fr?Opendocument

- Rapport « défendre les droits de l'homme et les libertés fondamentales tout en luttant contre le terrorisme », Nations Unies, Assemblée générale, Soixante et unième session, A/61/353, 11 septembre 2006. Consultable sur le site :
http://daccessdds.un.org/doc/UNDOC/GEN/N06/526/79/PDF/N0652679.pdf?OpenElement

- Observations finales du Comité des droits économiques, sociaux et culturels, Maroc, Comité des droits économiques, sociaux et culturels, Nations Unies, E/C.12/MAR/CO/2, 4 septembre 2006, 8p. Consultables sur le site :
http://daccessdds.un.org/doc/UNDOC/GEN/G06/440/78/PDF/G0644078.pdf?OpenElement

- Rapports des ONG internationales :

- Rapport « Gourougou, Belyounes, Oujda, la situation alarmante des migrants subsahariens en transit au Maroc », Anne Sophie Wender, Services des Solidarités Internationales, Cimade, octobre, 2004. Consultable sur :
http://www.cespi.it/migraction2/FrontSud/rapport%20CIMADE.pdf

- Médecins sans frontières, « violence et immigration », Rapport sur l'immigration d'origine subsaharienne en situation irrégulière au Maroc, MSF-Espagne, septembre2005, p.13. Consultable sur :
http://www.libertysecurity.org/IMG/pdf/RapportMSFISS2005.pdf

- Rapport de Human Rights Watch , « Maroc: Les droits humains a la croisée des chemins », Octobre 2004, Vol. 16, No. 6(E). Consultable sur :
http://hrw.org/french/reports/2004/morocco1004/morocco1004fr.pdf

- Rapport de HRW, « Maroc, la commission marocaine de vérité, le devoir de mémoire honoré à une époque incertaine », novembre 2005, Volume 17, No. 11(E). Consultable sur :
http://www.hrw.org/french/reports/2005/morocco1105/morocco1105frwcover.pdf

- Rapport de HRW : « A la maison, en marge de la loi le cas des enfants domestiques maltraités au Maroc », décembre 2005, Volume 17, No. 12(E). Consultable sur le site :

http://hrw.org/reports/2005/morocco1205/morocco1205sumandrecsfr.pdf

- Rapport d'Amnesty International, « Lutte contre le terrorisme et recours à la torture : le cas du centre de détention de Témara », 24 juin 2004, index :AI : MDE29/004/2004.

http://amnesty.org/fr/library/asset/MDE29/004/2004/fr/dom-MDE290042004fr.pdf

- Le Maroc et la question amazighe, rapport parallèle de la FIDH, 59ème session du Comité pour l'élimination de la discrimination raciale, mars 2003, 15 p.

- Mission internationale d'enquête, Rapport de la FIDH, « Les autorités marocains à l'épreuve du terrorisme : la tentation de l'arbitraire, violations flagrantes des droits de l'homme dans la lutte anti-terroriste », février 2004. Consultable sur :

http://www.fidh.org/IMG/pdf/ma379f-3.pdf

- FIDH, « Recommandations au Gouvernement du Maroc à l'occasion de la 1ère session de l'Examen périodique universel », 8/4/2008, consultable sur le site :

http://www.fidh.org/spip.php?article5410

- Le statut de la CPI et le droit marocain obstacles et solutions à la ratification et la mise en oeuvre du statut de la CPI par le Maroc, la FIDH, Janvier 2007 - N°466, 12p. Rapport consultable sur :

http://www.fidh.org/IMG/pdf/CPIMaroc466fr2007-1.pdf

Chronologie des dates marquantes des droits de l' homme au Maroc

1958

- Nov58, jan59 — Répression sanglante des émeutes du Rif

- 15 novembre — Code des libertés publiques

1960

- 10 février — Dissolution du parti communiste.

1962

- Novembre — Procès de Nador contre des membres de la communauté bahai.

- 7 décembre — Adoption de la première constitution par référendum.

1963

- Juillet — Affaire du « complot » l'UNFP, arrestation de plusieurs militants UNFP et PCM.

- 22 novembre — Début des procès politiques de 102 inculpés du « complot » de juillet (11 peines capitales).

1964

- 7 août — Mort de Cheikh El-arab à Casablanca.

- 20 août — Les condamnés à mort du « complot » du 16 juillet 1963 sont graciés, leur peine est commuée en prison à perpétuité.

- 4 octobre	Enlèvement de Abdelhak Rouissi à Casablanca.

1965

- 23 mars	Répression meurtrière des émeutes à Casablanca avec des dizaines de morts.
- 7 Juin	Instauration de l'état d'exception jusqu'à Juillet 1970.
- 29 Octobre	Enlèvement de Mehdi Ben Barka à Paris.

1967

- Février	Envoi en exil à Tan Tan des cadres de l'UNEM.
- 10 Novembre	Création de la première association culturelle amazigh : Association marocaine pour la Recherche et l'échange culturel.

1971

- 14 juin	Grand procès de Marrakech.
- 10 Juillet	Tentative de coup d'Etat au palais royal de Skhirat.

1972

- Jan–mars	Vague d'arrestations dans les milieux de la gauche radicale.
- 26 février	Verdict du procès des militaires du « complot » du Skhirat.

- 11 mai	Création de la Ligue marocaine de défense des droits de l'homme.
- 16 août	Deuxième coup d'Etat avorté.
-29 octobre	Enlèvement de Houcine Manouzi à Tunis.
- Novembre	Procès des militaires impliqués dans le deuxième coup d'Etat

1973

- 24 janvier	Suspension de l'UNEM.
- Mars	Emeutes dans le haut et le moyen Atlas.
- 25 juin	Ouverture du procès de Kenitra contre les militants de l'UNFP.
- 31 juillet	Procès de 80 gauchistes à Casablanca.
- 7 août	Enlèvement et emprisonnement à Tazmamart de 58 officiers et sous-officiers condamnés à des peines de trois ans et plus, après les coups d'Etat de 1971 et 1972.
- 30 août	Enlèvement de Belkacem Ouazzane à Kenitra.
-23 décembre	Disparition de la famille Oufkir jusqu'au 17 avril 1987.

1974

-14 novembre	Mort sous la torture d'Abdellatif Zeroual.

1975

- 18 décembre — Assassinat du leader de l'USFP Omar Benjelloun.

- Hiver 75-76 — Répression et arrestation de la majorité des cadres de mouvement Ila Alamam.

1977

- 3 jan-14 fév — Procès de Casablanca des 178 Marxistes-léninistes.

- 11 décembre — Mort de Saida Menebhi après 34 jours de grève de la faim.

1979

- 27 mars — Ratification des pactes internationaux de 1966.

- 24 avril — Décès de Mohamed Grina à Agadir.

- 24 juin — Création de l'AMDH.

1981

- 20 juin — Emeutes du pain à Casablanca, des centaines de morts et plusieurs arrestations.

1983

- Septembre — Début du plan d'Ajustement Structurel.

- décembre — Arrestation du Cheikh Abdeslam Yasine

1984

- 20-21 Jan — Emeutes dans le nord du pays (Nador, Tétoun, Alhoceima), après la hausse

	des prix des denrées alimentaires et des tarifs scolaires.
- Juillet	Procès à Casablanca de 71 islamistes.
- 27 août	Décès de Boubker Douraidi après 58 jours de grève de la faim.
-28 août	Décès de Mustapha Belhouari après 59 jours de grève de la faim.

1985

- Juin	Création de l'Association démocratique des femmes du Maroc.
- Septembre	Procès des islamistes de groupe Oujda (5 peines capitales).
- 24 octobre	Premier procès de Marrakech (les islamistes) 4 condamnations à l'emprisonnement perpétuel.
- Oct- novem	Vague d'arrestations dans la gauche radicale.
- 6 novembre	Décès de Mustapha Tahani sous la torture.

1986

- 3-12 février	Procès de 27 militants du mouvement Ila alamam.
-26 décembre	Deuxième procès de Marrakech (les islamistes)

1987

- Mars	Création de l'Union pour l'action des femmes.

-11 décembre	Conférence nationale des droits de l'homme à Oujda.

1988

- 10 décembre	Création de l'OMDH.

1989

- jan - mars	Trois des grévistes de la faim de 1985 sont libérés en fin de peine.
- 24 juillet	Procès des militants de l'UNEM à Fès.
- 19 août	Décès de Abdelhak Chabada après 64 jours de grève de la faim.
- 30 décembre	Cheikh Abdesslam Yassin en résidence surveillée, interdiction de l'Association Al Adl wa Al Ihssan.

1990

- Février	Délégation d'Amnesty international au Maroc.
- 6 mars	Procès des 6 leaders de mouvement Aladl wa Al ihssan.
- 17 mars	Décès de Saida Douraidi, "mère courage" du Mouvement des familles de prisonniers politiques.
- 20 avril	Création du Conseil Consultatif des Droits de l'homme.
-10 décembre	Proclamation de la Charte nationale des droits de l'homme.
-14 décembre	Des émeutes se déclenchent dans plusieurs villes : Agadir, Kenitra,

Tanger ...et surtout à Fès. Plus de cent morts, plusieurs blessés et nombreuses arrestations.

1991

- Février — Libération de la famille Oufkir.

-Juin — Libération de 300 sahraouis portés disparus.

- 12 juillet — 270 personnes détenues sans procès, ou qui étaient considérées comme victimes de disparition forcée, ont été libérées.

- 5 août — Charte d'Agadir signée par 6 associations culturelles.

- 13 septembre — Libération de Abraham Serfaty. Il est expulsé du pays et privé de sa nationalité marocaine sous prétexte qu'il est brésilien.

- 15 septembre — Libération des survivants de Tazmamart.

1992

- Avril 1992 — Procès du leader syndicaliste Noubir Alamaoui.

1993

- 1993 — Création du ministère des droits de l'homme.

-21-22 mai — Une délégation d'Amnesty International rencontre des membres de CCDH.

- 21 juin	Ratification de 4 conventions internationales : - La Convention contre la torture et autres peines ou traitements cruels, inhumains et dégradants. - La Convention sur l'élimination de toutes les formes de discrimination à l'égard des femmes. -La Convention internationale sur les droits de l'enfant. -La Convention internationale pour la protection des droits de tous les travailleurs migrants et des membres de leurs familles.
-10 septembre	Création des tribunaux administratifs.

1994

- Février	Début de règlement de la situation des victimes des disparitions forcées à Tazmamart.
- 25 février	Institution du Conseil constitutionnel.
-1 mai	Arrestation de sept militants de l'association Tileli à Goulmima. Ils défilaient à l'occasion de la fête des travailleurs avec des banderoles écrites en tifinagh.
- 4 juillet	Abrogation du Dahir de 1935 (Dahir quiconque).
- Juillet	Amnistie au profit de 424 détenus politiques et retour des exilés.

1995

- 10 juin — Retour de fqih Basri après trente ans d'exil.

1996

- 6 janvier — Création de Transparency Maroc.

1998

- 14 mars — Premier gouvernement d'alternance guidé par Abderrahman Youssoufi.

- Septembre — Le CCDH publie une liste de 112 personnes disparues.

- Octobre — 28 prisonniers politiques qui n'ont pas profité de l'amnistie royale de 1994 sont libérés.

1999

- 23 juillet — Accession au trône de SM le Roi Mohammed VI.

- 9 novembre — Limogeage de Driss Basri, le puissant ministre de l'Intérieur pendant vingt ans.

- 27 novembre — La famille Ben Barka regagne le Maroc.

- 28 novembre — Création du Forum marocain pour la vérité et la justice.

- 16 août — Instauration de l'Instance indépendante d'arbitrage.

-30 septembre	Retour d'exil de l'opposant Abraham Serfaty.

2000

- Printemps	Publication de *Tazmamart, cellule 10* de Marzouki.
- 1 mars	Manifeste amazigh signé par plusieurs personnalités.
- 12 mars	Manifestations pour et contre le Plan d'intégration des femmes.
- Avril	Début d'indemnisation des victimes de détentions arbitraires ou de disparition.
- 16 mai	Levée de l'assignation à résidence de Cheikh Abdesslam Yassin.
- 19 mai	Ratification de la convention de l'OIT n° 138 concernant l'âge minimum d'admission à l'emploi.
- 7 octobre	Le FJV organise un pèlerinage à Tazmamart.
- 8 septembre	Signature du Statut de Rome de la Cour pénale internationale.
-Octobre	Liste des responsables des violations graves adressée par l'AMDH au ministre de la justice et au parlement.
- 4 octobre	Procès de capitaine Adib.
- 2 décembre	Interdiction des journaux Demain, le Journal Assahifa.

- 10 décembre	Vague d'arrestations de membres de Adl wal Ihssan, de l'AMDH et de FVJ.

2001

- Janvier	Rapport de la Commission d'enquête parlementaire sur l'affaire CIH.
- 26 janvier	Ratification de la convention n°. 182 de l'OIT sur l'interdiction et l'élimination des pires formes du travail des enfants.
- 10 avril	Réorganisation et révision des statuts du CCDH.
-2octobre	Ratification du protocole facultatif à la convention relative aux droits de l'enfant, concernant la vente d'enfants, la prostitution des enfants et la pornographie mettant en scène des enfants.
- 17 octobre	Création de l'IRCAM.
-9-11 novembre	Symposium national sur les violations graves des droits de l'homme AMDH, OMDH et FVJ.
- 9 décembre	Création de Diwan Almadhalim.

2002

- 22 mai	Ratification du Protocole facultatif à la Convention relative aux droits de l'enfant, concernant l'implication des enfants dans les conflits armés.
- 31 août	Création de la HACA.

- 8 octobre	Entrée de 35 femmes au Parlement.

2003

- 16 mai	Attentats-suicide terroristes perpétrés à Casablanca, 45 morts, dont les 12 kamikazes.
- 28 mai	L'entrée en vigueur de la loi n° 03-03 relative à la lutte contre le terrorisme.
- Juin	Arrestations, perquisitions, et enlèvements des milliers de personnes accusés d'implication dans les attentats terroristes.
- 17 juin	Le journaliste Ali Lmrabet est condamné, en appel, à trois ans de prison ferme, à l'interdiction de ses deux publications et à 20000dh d'amende.
-11-12 juillet	Dix condamnations à mort prononcées contre les membres de Salafiya Jihadiya.
- 19 août	Condamnation à de lourdes peines de 87 membres de Salafia Jihadia (4 peines capitales).
- 20 novembre	L'entrée en vigueur de la loi relative à l'entrée et au séjour des étrangers, à l'émigration et l'immigration irrégulières.
	L'IIA présente le rapport définitif de son travail en attribuant des indemnisations à plus de sept milles victimes ou ayants droits, avec une somme totale de 960 millions dh.

2004

- 7 janvier	Grâce royale en faveur de 25 prisonniers politiques.
	Installation de l'IER.
- Février	La FIDH dénonce dans son rapport « les autorités marocaines à l'épreuve de l'arbitraire » les violations graves des droits de l'homme dans le cadre de la lutte conte le terrorisme.
- 5 février	L'entrée en vigueur du nouveau code de la famille.
- 12 Avril	Approbation des statuts de l'IER.
- 16 septembre	Suppression de la Cour spéciale de justice.
- 21 octobre	Rapport de HRW : « Maroc : les droits humains à la croisée des chemins », il dénonce les exactions commises au nom de la lutte antiterroriste.
- Décembre	Création de l'association Annassir.

2005

- 2 mai	Grève de la faim des prisonniers salafistes dans plusieurs prisons marocaines pour obtenir la révision de leur procès et l'amélioration des conditions de vie dans les prisons.
- 18 mai	Le lancement de L'Initiative nationale de développement humain.

- Déc - mai	L'IER organise des audiences publiques à Rabat, Marrakech, Figuig, Khénifra, Errachidia, Alhoceima.
- Fév - mai	Audiences parallèles organisées par l'AMDH à Rabat, khenifra, Alhoceima, Marrakech et Paris, sous le titre « témoignages en toute liberté pour la vérité ».
- 23 juin	Le journaliste Ali Lmrabet est condamné par la cour d'appel de Rabat à l'interdiction d'exercer sa profession pour dix ans et à une amende de 500000 dh.
- Sept - oct	Tentatives de franchissement des grillages de Ceuta et à Melilla par des immigrés clandestins, 14 morts et plusieurs blessés.
- 30 novembre	Fin des travaux de l'IER et présentation du rapport final au Roi.

2006

- 6 janvier	Réception par S.M le Roi des victimes et des familles des victimes des années de plomb.
- 14 février	Adoption de la loi 43-04 relative aux abus d'autorité commis par les fonctionnaires contre les particuliers et à la torture.

2007

-6 février	Le Maroc signe la Convention internationale pour la protection de toutes les personnes contre les

	disparitions forcées.
- 20 mai	Décès de Driss Benzekri.
- 23 septembre	Emeutes à Sefrou.
-Fin septembre	Le juge français Patrick Ramael, chargé de l'instruction de l'affaire de Ben Barka, lance cinq mandats d'arrêt visant des responsables marocains.

2008

- 25 mars	Condamnation du directeur de journal Almassae à 6 millions dh de dommages et intérêts et 120000dh d'amende.
- 7 juin	Brutale répression des manifestations et émeutes de Sidi Ifni.

Table des matières

Abréviations... 7
Introduction.. 9
Chapitre I : L'évolution des droits de l'homme au Maroc... 13
   A- Les années noires des droits de l'homme au Maroc.. 13
   B- Le début de consécration des droits de l'homme au Maroc.. 19
Chapitre II : Les réformes institutionnelles........... 27
   A- le nouveau concept d'autorité...................... 27
   B- Le Conseil consultatif des droits de l'homme.... 32
   C- Diwan al adalim.. 36
   D- L'Institut royal de la culture mazighe............ 39
   E- La Haute autorité de la communication audiovisuelle.. 41
   F- Instance équité et réconciliation.................... 44
Chapitre III : Les réformes juridiques.................... 47
   A- La promotion des droits des femmes............. 48
   B- La consécration des droits de l'enfant........... 54
   C- La consolidation des garanties d'un procès Equitable... 57
   D- La lutte contre la torture et le renforcement des droits de défense.. 58
   E- L'adhésion aux conventions internationales des droits de l'homme.. 61
Chapitre IV : La lutte antiterroriste et le recul des droits de l'homme au Maroc............................. 69
   A – Les droits de l'homme à l'épreuve de la loi antiterroriste... 70
   B- La pratique de la torture............................... 76
   C- La restriction de la liberté de la presse.......... 81
Chapitre V : l'expérience de réconciliation : un parcours inachevé... 89
   A- Les acquis.. 91
   B- Les limites... 102
   C- La mise en œuvre des recommandations........ 108

Chapitre VI: La culture amazighe et le respect de la diversité culturelle.. 115
   A- L'évolution de la question amazighe.................. 116
   B-Une reconnaissance partielle et limitée................ 124
   C-Vers l'internationalisation des revendications Amazighes... 128
   D-Les enjeux d'un Maroc pluriel et Multiculturel...... 131

ChapitreVII:Immigration irrégulière et respect du droit international de l'immigration..................... 137
   A - La loi n° 02-03 à l'épreuve des droits des Immigrés... 137
   B- L' immigration clandestine : approche sécuritaire 141
   C-La réalité choquante de l'immigration clandestine.. 147

Conclusion... 151
Bibliographie.. 153
Chronologie des droits de l'homme au Maroc...... 161
Table des matières... 177

L'HARMATTAN, ITALIA
Via Degli Artisti 15 ; 10124 Torino

L'HARMATTAN HONGRIE
Könyvesbolt ; Kossuth L. u. 14-16
1053 Budapest

L'HARMATTAN BURKINA FASO
Rue 15.167 Route du Pô Patte d'oie
12 BP 226
Ouagadougou 12
(00226) 76 59 79 86

ESPACE L'HARMATTAN KINSHASA
Faculté des Sciences Sociales,
Politiques et Administratives
BP243, KIN XI ; Université de Kinshasa

L'HARMATTAN GUINÉE
Almamya Rue KA 028
En face du restaurant le cèdre
OKB agency BP 3470 Conakry
(00224) 60 20 85 08
harmattanguinee@yahoo.fr

L'HARMATTAN CÔTE D'IVOIRE
M. Etien N'dah Ahmon
Résidence Karl / cité des arts
Abidjan-Cocody 03 BP 1588 Abidjan 03
(00225) 05 77 87 31

L'HARMATTAN MAURITANIE
Espace El Kettab du livre francophone
N° 472 avenue Palais des Congrès
BP 316 Nouakchott
(00222) 63 25 980

L'HARMATTAN CAMEROUN
Immeuble Olympia face à la Camair
BP 11486 Yaoundé
(237) 458.67.00/976.61.66
harmattancam@yahoo.fr

603885 - Avril 2015
Achevé d'imprimer par